EL MISTERIO DE DIOS

VERDADES OCULTAS DESDE TIEMPOS ETERNOS

CLINTON CRUICKSHANK

Puede hacer pedidos de libros de WestBow Press en librerías o poniéndose en contacto con:

WestBow Press
A Division of Thomas Nelson & Zondervan
1663 Liberty Drive
Bloomington, IN 47403
www.westbowpress.com
844-714-3454

ISBN: 978-1-6642-7294-1 (tapa blanda)
ISBN: 978-1-6642-7295-8 (tapa dura)
ISBN: 978-1-6642-7293-4 (libro electrónico)

Library of Congress Control Number: 2022913086

Información sobre impresión disponible en la última página.

Fecha de revisión de WestBow Press: 8/2/2022

Elogios para *El Misterio de Dios. Verdades ocultas desde tiempos eternos.*

Este libro ha marcado mi vida en un antes y un después. Contiene una interpretación muy clara, sencilla y resumida de los propósitos de Dios para con el hombre. Siento que el autor ha sido iluminado por una gran sabiduría y autoridad para hacernos llegar esta obra tan valiosa.

Ricardo Adolfo Lineros. Ingeniero de sistemas. República de Venezuela.

Este maravilloso libro lleno de grandes verdades y extraordinarias enseñanzas, sin duda alguna, refleja el carácter de Dios, su amor incondicional por todos nosotros y su enorme confianza en su autor al depositar en él la misión de ponerlo a nuestra disposición. Es una fuente de bendición para todos.

Dr. Ricardo McKenzie, MD. Laguna Niguel, California, Estados Unidos de América.

Un libro de lectura fácil y agradable. Incluye múltiples temas de relevancia para el conocimiento del misterio de Dios. Revela verdades y tesoros espirituales ocultos que no sólo aportan conocimiento, sino que, fortifican nuestra fe. Por eso el contenido excepcional de este libro es novedoso, entretenido y muy útil.

Richard Gerli Hand. Industrial y miembro fundador del primer capítulo de la Fraternidad Internacional de Hombres de Negocios del Evangelio Completo (FIHNEC).

Sin duda alguna, este libro nos revela el Misterio de Dios para darnos una clara visión del ¿Por qué Dios hace todo lo que hace? Asimismo, nos obliga a realizar una profunda introspección sobre lo que somos frente a la grandeza de Dios, su inmenso amor y su propósito eterno para cada uno de nosotros. Por eso, esta excelente obra reveladora y esperanzadora, es de lectura obligatoria para todos nosotros.

Saray Amador. Presidente de Telefides, el canal de televisión católico de Costa Rica y Presidente de la Cámara Costarricense de Radio y Televisión.

Este libro enfatiza cuánta bendición hay en conocer, amar y servir a Dios. Porque el mayor misterio que permaneció oculto y que fue revelado según 1ª Colosenses 1:27 es: "Cristo en nosotros la esperanza de gloria" y, gloria es la expresión física y visible del carácter invisible y espiritual de Dios.

Marco Pérez. Empresario, fundador del primer capítulo de la Fraternidad Internacional de Hombres de Negocios del Evangelio Completo en Costa Rica (FIHNEC) y fundador de la Escuela Bíblica Portantorchas.

El Misterio de Dios, destila el fundamento ecuménico del Antiguo y Nuevo Testamento y los elementos espirituales y pragmáticos de la tradición judeocristiana, brindando las bases y guías para una comprensión más integral del propósito de Dios al crear el universo y especialmente a la humanidad.

Mike Gucovsky. Ex-Subsecretario Adjunto de la Organización de las Naciones Unidas para América Latina y el Caribe.

Al leer este libro, no puedo más que asombrarme por el enorme esfuerzo realizado por el autor para escribir y divulgar las verdades ocultas desde tiempos eternos y, por eso, tampoco puedo menos que sentarme de nuevo y tratar de digerir dichas verdades. Porque esta obra logró motivarme a volver a pensar en estos temas trascendentales desarrollados en cada uno de sus capítulos y, eso haré poco a poco durante los próximos meses, a fin de meditar y digerir su contenido.

Teófilo de la Torre. Tres veces Presidente Ejecutivo del Instituto Costarricense de Electricidad y Viceministro de Recursos Naturales, Energía y Minas en Costa Rica.

Contenido

Capítulo 12 221

La Triple Co-Inherencia de Dios o la Co-Inherencia Trinitaria de Dios

Capítulo 13 241

Capsulitas Especiales

PREFACIO

Mucha confusión y desilusión ha invadido el corazón de la gente en estos días. Incluso, el corazón de muchos creyentes. La filosofía humanista-materialista ha ido invadiendo el mundo, haciendo estragos en el corazón y en la vida de hombres y mujeres, logrando de paso, que estos pierdan el temor de Dios. Todo lo anterior, suele alejarlos de su Creador, aumentar su confusión, frustración y desesperanza. Desesperanza incubada en las sombras de la duda, el escepticismo y la ignorancia.

Son sorprendentes las respuestas a las más de tres docenas de grandes interrogantes planteados en esta obra, muchos de los cuales han intrigado a los seres humanos desde siempre. Ha sido extraordinario cómo el Señor nos da un atisbo, un vistazo, una mirada divina que nos permite adentrar en su misterio, *el misterio de Dios.*

Dicho vistazo generó la necesidad de crear nuevos términos y usar una serie de símiles, a fin de poder explicar aspectos espirituales que hasta ahora constituían verdaderos enigmas para el hombre. Símiles representados en nuevos términos y nuevos conceptos tales como: *El Principio del holograma* y el *Principio inverso del holograma*, los cuales permiten explicar, por ejemplo, el misterio de la Santísima Trinidad de Dios.

Se crea otra serie de términos tales como: *Co-inherencia* y *Triple Co-inherencia* o *Co-inherencia Trinitaria,* para explicar el morar mutuo entre el Espíritu de Dios y el alma humana y, entre las tres personas de la Santísima Trinidad de Dios, respectivamente. También se recurre a los términos: *Canal de Recepción Primario [CRP]* y *Canal de Recepción Secundario [CRS]* para explicar el medio exclusivo por el cual Dios se comunica con el hombre; así como, el medio ordinario de comunicación de otras entidades espirituales con los seres humanos. Asimismo, se concibe el término *Infraestructura Infinita* para explicar el *Trono Divino* que permite al Espíritu de Dios convivir con y en el ser humano y muchos más.

Por otro lado, se advierte cómo la incredulidad del hombre lo suele llevar a ignorar a su enemigo declarado, el diablo, cuyo propósito es minar su fe para alejarlo de Dios; consecuentemente, apoderarse de su alma. Porque con el fin de cumplir su propósito, es capaz de todo. Incluso, de tomar las verdades de Dios, distorsionarlas o "satanizarlas" y tratar de apropiarse de ellas para engañar y desviar al hombre del camino del Señor.

El Misterio de Dios es revelado en este tiempo para reafirmar al creyente que dentro de sí mora el mismísimo Dios Todopoderoso en quien puede poner toda su confianza para erradicar la confusión, el miedo y la desesperanza de su corazón; así como, para anclar su alma en la esperanza; a fin de que al igual que Abraham, tenga esperanza contra esperanza, es decir, para que cuando no haya ninguna esperanza, él aún la tenga.

Se aclara la aparente paradoja o contradicción que

existe ante el hecho de que Dios ciertamente no puede ser contenido por nada en el universo, ni por el universo mismo; no obstante, Él es contenido por el corazón de millones de hombres y mujeres en el mundo en quienes mora por medio de su Santo Espíritu. Lo anterior es posible gracias a la *Infraestructura Infinita* que Jehová Dios creó en el hombre. Se trata de un *Trono Divino* en su corazón, es decir, de una especie de *Estación de Acoplamiento* que permite la convivencia de Dios con los seres humanos.

El Misterio de Dios también nos revela cómo el Señor siendo uno, realiza *el milagro* que hace posible que la plenitud de Dios esté permanente y simultáneamente presente en sus tres personas. Asimismo, que esté presente en el corazón de millones de millones de creyentes sin perder su integridad. Porque Dios sigue siendo uno y el mismo.

Otro hecho notable y singular, aunque comprensible, es que los hijos e hijas de Dios, es decir, los creyentes, son *la **esencia espiritual** compartida* de Dios, su Padre y, de la Esposa del Cordero, su madre; así como, los hijos de los hombres son *la **esencia carnal compartida*** de su padre y de su madre terrenal.

El Señor nos sorprende cuando nos revela lo que en realidad es la Nueva Jerusalén. Porque desde tiempos eternos el corazón ha sido la morada de Dios. Al principio Él moró en su propio corazón, luego en el corazón de sus hijos e hijas los creyentes. Asimismo, en la Esposa del Cordero que como se verá luego, es la Nueva Jerusalén, la que no es ni más ni menos que el mismísimo corazón de Dios. Todo lo cual confirma que Dios siempre mora en corazones.

Por otro lado, llama poderosamente la atención la dramática y espectacular conversión de Jacob durante su viaje a Padan-aram a casa de su tío Labán. Dicha conversión nos deja una extraordinaria enseñanza con respecto a lo estrictamente personal y particular que es la relación entre Dios y cada ser humano.

También Dios nos da a conocer por qué, Él es el Alfa y la Omega, y de paso, aclara la diferencia entre Él como Dios Alfa y Él como Dios Omega, siendo el mismo y único Dios.

También nos adentra en el verdadero misterio que encierra los interminables sacrificios de sangre de animales. Dado que durante el período que va desde la caída de Adán y Eva hasta la muerte y resurrección de Cristo, dichos sacrificios le permitieron a Dios intercambiar vida por vida, a fin de mantener al hombre con vida, a pesar de sus constantes pecados y transgresiones.

Todo lo anterior es solo una introducción, un extracto o abrebocas de las extraordinarias revelaciones contenidas en esta obra. Las mismas no dejan de maravillar y reafirmarnos que estamos ante un Dios singular, único, asombroso, indescriptible e incontenible; solo para usar algunos epítetos que aún quedan muy cortos para describirlo.

Clinton Cruickshank

RECONOCIMIENTOS

Quiero aprovechar este espacio y la oportunidad para honrar y reconocer a las siguientes personas:

Al Dios Todopoderoso, mi Padre, quien confió en este vaso frágil y defectuoso estas revelaciones y verdades ocultas desde tiempos eternos. A Él sea la gloria y honra y todo reconocimiento como inspirador y autor espiritual de este libro.

A mi esposa Ingrid, mi mejor mitad, quien con amor me aconsejó, motivó y me acompañó por muchísimas horas frente a mi Biblia y de mi computadora durante el proceso de montaje de esta obra.

A mi hijo Clinton Jr., cuyo conocimiento y discernimiento de la voluntad de Dios es sorprendente. A quien el Señor usó para bendecir y apoyarme de sobremanera con comentarios agudos y certeros que contribuyeron significativamente al proceso.

A mi hija Angie, cuya sensibilidad a la voz de Dios y la familiaridad con que la trata, fue de gran apoyo en los momentos más difíciles, para reafirmar mi confianza en la inmensa misericordia y gracia de nuestro Señor Jesucristo.

A la Pastora Sofía Quintanilla, quien con la bondad que la caracteriza, aceptó hacerle la primera revisión de fondo al borrador de este libro.

Al Tele-evangelista Harvey Ben Kinchlow (Ben Kinchlow) q.d.D.g., a quien no tuve la bendición de conocer personalmente; pero cuyos años de obediencia a Dios y entrega y dedicación al programa Club 700, permitió al Señor usarlo como un poderoso instrumento en sus manos para llevar a muchos perdidos al trono de su divina gracia. Me honra pertenecer a ese grupo de hombres y mujeres.

Introducción

Advertencia útil para el lector

Para leer este libro, es recomendable que hagas un esfuerzo por apartar tus propias ideas por un momento, y no te apresures a desechar o rechazar la información contenida en él. Es preciso que te desprendas de toda idea preconcebida, y si no te gusta lo que estás leyendo, detente y pregúntale al Señor si es suyo lo que está escrito aquí. Asimismo, pídale sabiduría, discernimiento y un corazón entendido para que puedas asimilar este mensaje plenamente.

Por otro lado, dada la calidad y cantidad de revelaciones aquí consignadas; sin duda alguna, una segunda o una tercera lectura de algunos de los párrafos, capítulos e incluso, de todo el libro, es recomendable para aclarar y "procesar" mejor cada uno de las verdades contenidas en él y, para "sazonar" en tu corazón, los propósitos por los cuales el Señor revela su misterio.

Finalmente, se aconseja que, si llegaras a discrepar de algunos de los conceptos consignados aquí, no los deseches del todo, ni dejes de leerlos ni de recibir las bendiciones contenidas a lo largo de toda la obra.

CAPÍTULO 1

SOBRE LAS REVELACIONES DE DIOS

Desde hace ya algunos años, tengo por norma leer la Biblia todos los días, porque encuentro que esa disciplina, entre otras cosas, me acerca más a Dios, aumenta mi comprensión y entendimiento de su Palabra, de su carácter y de sus propósitos. Además, me ayuda a disminuir mis faltas, aberraciones y rebeliones que han sido muchas. Asimismo, a forjar mi carácter y a mejorar mi relación con los demás. Por otro lado, es el mejor apoyo que tengo para aumentar y sostener mi fe, para menguar mi orgullo y arrogancia y, para pensar más en los demás que en mí mismo.

1.1 **El Inicio de las Revelaciones**

A mediados del mes de octubre del año 2007, empecé a recibir una serie de revelaciones con una claridad sin precedentes. Por su contenido me di cuenta de que eran revelaciones de Dios, por lo que empecé a anotarlas. Luego, las cotejaba con la Biblia y, poco tiempo después comencé a compartir algunas de ellas, primero con mi familia, y luego, con algunos amigos hermanos de la fe.

Las revelaciones fueron aumentando en frecuencia e intensidad; pero también en trascendencia. La frecuencia y la intensidad fueron tales que al principio tuve que cargar con unos papelitos en dondequiera que fuera para poder anotarlas oportunamente. Luego Ingrid, mi esposa me recomendó que comprara una libreta de apuntes, una especie de diario, dado que a veces por emergencia tomaba sus papeles del escritorio de la oficina de la casa para anotarlas en ellos.

Frecuentemente recibía revelaciones estando en el baño en plena ducha. Esto me exigía esfuerzos especiales para poder registrarlas oportunamente.

1.2 **¿Y por qué a mí?**

Por los años que llevo en la fe, en activa militancia y compromiso con el Señor Jesucristo, puedo afirmar que soy un creyente con algún grado de madurez y, que tengo y mantengo una relación importante con Él. No obstante, reconozco y confieso que aún no soy tan perfecto delante de Dios como estoy llamado a ser, ni tan obediente como debiera. Por lo tanto, al irme percatando de la profundidad y la importancia de dichas revelaciones, casi sin querer comencé a preguntarme, ¿y por qué a mí? Y, ¿quién soy yo para que el Señor me confíe semejantes revelaciones?

Dichas preguntas me las hice a mí mismo, una y otra vez, porque confieso que no se las quise hacer directamente al Señor. Según yo, para no "agitar las aguas" y correr el mínimo riesgo de "contrariarlo". No quería exponerme a perder "la unción", o sea, la posibilidad de que cesaran las asombrosas revelaciones que venía recibiendo. Al menos eso pensé al momento. Sin embargo, la razón fundamental de mi pregunta no era por necedad ni vanidad, sino porque en el fondo quería saber, ¿qué cosas son las que venía haciendo bien que me pusieron en especial gracia con mi Señor? Esto, claro está, para seguirlas haciendo e incluso para mejorarlas.

También me puse a pensar en la forma en que actualmente llevo mi vida y, las cosas que han cobrado relevancia en mí en los últimos años. Pensando en todo esto, pude precisar algunos hechos y aspectos que quizás, y solo quizás, podrían explicar la razón por la que el Señor en su inmensa misericordia y gracia, se haya fijado en mí como su siervo en quien puede revelar y confiar dichas verdades, con la misión de hacerlas del conocimiento de hombres y mujeres, especialmente, de su pueblo.

Veamos de seguido algunos de esos hechos que espero, expliquen la respuesta a mi pregunta: ¿y por qué a mí?

1.2.1 ***El Salmos 51:10***

> *Crea en mí, oh Dios, un corazón limpio,*
> *Y renueva un espíritu recto dentro de mí.*
> (Salmos 51:10).

Doña Perla, mi madre que ya está con el Señor, fue la que me llamó la atención con respecto a la importancia del Salmos 51 y en especial, de ese versículo. Era una mujer que vivió una vida sencilla y feliz. Dios la bendijo abundantemente con ocho hijos, todos creyentes. Era pobre en recursos materiales; pero siempre tuvo suficiente. Es más, era una de esas personas por medio de las cuales, Jesucristo a menudo repetía el milagro de la multiplicación de los panes y peces; porque doña Perla con poco daba de comer a muchos: a su familia, a amigos y los compañeros de colegio y de universidad de sus hijos, a sus vecinos y a muchas otras personas y, siempre le sobraba. Además, Dios la bendijo con una cuchara singularmente exquisita y sabrosa.

Ella padeció de una enfermedad crónica durante muchos años de su vida. Sin embargo, siempre había gozo en su corazón a pesar de que, durante sus últimos 25 años, vivió sin una de sus piernas que le fue amputada.

Mi madre siempre irradiaba alegría y era la animadora de la familia. Era el eje en derredor del cual gravitó siempre toda nuestra familia. Sin ser entrometida, arreglaba rencillas entre parejas, era una gran consejera familiar, sumamente dadivosa, especialmente dando de comer pues, en lo material era lo que más tenía que ofrecer. Doña Perla tenía un corazón limpio, puro y lindo y, un espíritu recto siempre guiaba sus actos.

Doy gracias a Dios por haberme permitido honrarla. En una ocasión durante una conversación muy íntima con ella, en una de las frecuentes visitas que le hacía, le pregunté: ¿de dónde provenía su fortaleza y limpieza de corazón que siempre se reflejaba en la apacibilidad de su rostro, en su gran compasión y en las alabanzas que tanto "tarareaba" mientras cocinaba, aplanchaba, limpiaba, o realizaba cualquier faena doméstica? Me respondió que se apoyaba en el Salmos 51 y muy especialmente, en el versículo 10. Me lo repitió allí mismo en inglés. Además, dijo que todos los días renovaba su petición a Dios por un corazón limpio y un espíritu recto delante de Él.

A partir de ese momento, el Salmos 51 se convirtió en uno de mis Salmos favoritos y, por años al igual que doña Perla, clamo al Señor por medio de ese versículo bíblico, pidiéndole que limpie mi corazón. Ahora bien, sé que el Señor ha tenido misericordia de mí y mantiene mi corazón limpio a pesar de todas mis debilidades, faltas y rebeliones.

1.2.2 *Mi oración de introducción a la lectura de la Palabra*

En el año 1994, debido al período de transición por el que pasaba, entré en un estado de tristeza y depresión. No lo sabía en ese momento; pero era el Señor quien me estaba llevando por una encrucijada para que yo reaccionara y dejara la autosuficiencia, el orgullo y la arrogancia que hasta entonces había caracterizado mi vida.

Siempre creí en Dios, gracias a mis padres. Sin embargo, por necedad, falta de humildad y por exceso de auto dependencia, no le había entregado mi corazón y, en medio de mi prepotencia, arrogancia, ignorancia y necedad, siempre pensé que las personas que se deprimían eran gente débil, especialmente débiles de carácter. Jamás pensé que yo también me podía deprimir.

Sin embargo, en 1994 comencé a sufrir algunos efectos de tristeza y depresión, por lo que entré en un estado de impotencia que me producía angustia y temor. Incluso a salir de mi casa. Todo este drama lo viví por un período aproximado de 10 a 12 días.

Un sábado en una mañana de junio de ese mismo año, estaba solo en casa, triste, angustiado y ansioso. No sabía qué hacer para alejar de mí la horrenda angustia que sentía. Fue entonces cuando decidí encender el televisor por ninguna causa más que por la ansiedad, e inmediatamente fui atraído por el programa del Club 700 y, ahí estaba el pastor Ben Kinchlow. En ese momento sentí que el pastor Kinchlow estaba hablando directamente conmigo. Decía que no importaba qué problemas yo tenía, porque Dios es mucho más grande que mis problemas y si le entregaba mi vida al Señor Jesucristo y lo invitaba a mi corazón, Él me daría paz a pesar de mis problemas y de mis circunstancias.

Por muchos años yo afirmaba que algún día aceptaría a Jesucristo; pero que estaba aún muy joven para eso, que yo no estaba listo para vivir la vida "aburrida" de los cristianos. ¡Cuánta ceguera y necedad!, ¡cuánta falta de conocimiento y de entendimiento!

Sin embargo, en aquel momento yo necesitaba de esa paz a como diera lugar, porque la angustia me producía una gran sensación de impotencia y, por primera vez en mi vida, sentí que perdí totalmente el control. Por primera vez tambaleaba el piso debajo de mis pies y, a decir la verdad, no estaba acostumbrado a eso. En una palabra, la sensación que sentía era horrenda.

Es así como, acepté la invitación del pastor Kinchlow para recibir a Jesucristo en mi corazón, con tal de aliviarme de la angustia y ansiedad que estaba sintiendo.

Terminado el acto de aceptar y recibir a Jesucristo en mi corazón, me invitaron a llamar por teléfono, cosa que hice porque yo seguía toda instrucción como un soldado, con tal de deshacerme de esa terrible angustia que sentía.

Cuando hice la llamada, me contestó una hermana de la fe que aún hoy no sé de quién trataba; pero por quien pido una gran bendición de Dios. Fue muy amable, me instruyó que comenzara a leer la Biblia por el Evangelio de Juan y me indicó que antes de empezar a leerla, le pidiera dirección al Señor de la siguiente manera:

> *Espíritu Santo, ayúdame a entender tu Palabra, Tú que la inspiraste, dame el don de la revelación, sé Tú mi maestro y mi guía.*

Desde entonces y, aún hoy, cada vez que me dispongo a leer la Palabra de Dios, hago dicha petición al Señor.

1.2.3 ***Pidiendo sabiduría y revelación al Señor***

Por mucho tiempo, parafraseando el versículo en Efesios 1:17, le pido sabiduría y revelación al Señor de la siguiente manera:

Padre de gloria, dame un espíritu de sabiduría y revelación en el conocimiento de Dios, de su Palabra, de sus propósitos y de su creación. Te lo pido en el poderoso nombre de Jesús. Amén.

Ahora, permítanme la siguiente digresión; cuando era niño, uno de mis mayores aficiones y deleites era mirar al cielo, especialmente durante las noches estrelladas para contemplar las estrellas y la inmensidad del universo. En aquellos días, el campo con un paisaje escénico oscuro, era el lugar ideal para observar de noche la grandeza de Dios por medio de su portentosa creación.

Por lo tanto, permítame confesar que hoy, aún más que de niño, el Señor me mantiene asombrado e impresionado por su grandeza, su majestuosidad y, por la inmensidad de su creación. Por cierto, ese asombro es permanente, pues todo lo concerniente a Dios es tan impresionante, es "tan infinito", si me permiten esa expresión. Porque es un infinito que se profundiza en todas direcciones. Va desde lo infinitamente pequeño hasta lo infinitamente grande, en donde lo pequeño y lo grande se encuentran en el infinito.

Aquello de que en nuestra galaxia hay billones de estrellas y que en el universo existen billones de galaxias, todo eso no hace más que poner en evidencia la magnificencia del Creador y de toda su creación. Esa maravilla creada por Dios, como señalé antes, me mantiene en un estado de asombro permanente con respecto de quién es Él.

Ahora bien, quiero confesar con humildad que el Señor

no solo me ha escuchado, sino que me ha concedido ese deseo, porque realmente me ha iluminado el entendimiento y ha puesto en mí, un espíritu de sabiduría y revelación en el conocimiento de Dios, de su Palabra, de sus propósitos y de su creación. Lo anterior lo declaro con la mayor humildad y el debido respeto todos y a cada uno de mis amables lectores. Pero prefiero correr el riesgo de lucir mal ante ustedes, que dejar de honrar al Señor con la verdad.

Es posible que la respuesta a la pregunta, "¿y por qué a mí?", se encuentre en la explicación que acaba de dar, o sea, que con humildad y sometimiento he pedido al Señor que me dé un corazón limpio y lo he deseado de verdad; le he pedido que me dé entendimiento de su Palabra y, le he pedido un espíritu de sabiduría y revelación en el conocimiento de Dios. Esta explicación es mía porque en esto no tengo revelación alguna, mas doy mi opinión.

1.3 **Y Siguen las Revelaciones**

Bueno, luego de la anterior digresión, debo señalar que las revelaciones siguieron y se hicieron cada vez más intensas y, en medio de ellas, el Señor también puso en mi corazón que, uno de sus propósitos es que dichas revelaciones sean recopiladas y consignadas en un libro para hacerlas del conocimiento del mundo; pero muy especialmente, de su pueblo. Por lo tanto, me pregunté, ¿cuál podrá ser el título del libro? Conversando luego con Ingrid, me sugirió que esperara que el Señor le pusiera nombre, a que Él me revelara el título.

Seguí recibiendo más y más revelaciones que producían cada vez más asombro en mí. Empecé a encontrar respuestas a muchas interrogantes, dado que dichas revelaciones eran portadoras de grandes conocimientos, propósitos y verdades hasta entonces ocultas.

Comencé a pasar los manuscritos de los papelitos y de la libreta de apuntes a un archivo en mi computadora. La verdad es que hasta entonces me parecía que no seguían ningún orden específico, por lo que pensé en lo que iba a significar ordenar toda esa información para darle un hilo conductor, que estaba seguro que lo tenía. Pero luego, pensé que el Señor no me iba a dar todas esas revelaciones para luego abandonarme a la hora de escribir el libro. Aun así, confieso que sentí alguna debilidad al respecto, lo que me hizo demorar el inicio de esta obra.

Sin embargo, hay momentos en la vida en que no se puede seguir procrastinando y demorando un mandato sin actuar, mucho menos cuando se trata de un mandato de Dios. Yo sentí ese momento y comencé a elaborar una lista de temas y una guía de procedimientos de acuerdo con los apuntes que tenía. Esta fue una acción dinámica porque seguían las revelaciones, aunque en menor intensidad.

Luego empecé a escribir el libro, desarrollando cada uno de los temas. Confieso que habiendo avanzado y alcanzado alrededor del 30% de la totalidad de esta obra, aún no había recibido del Señor el título. Sin embargo, seguí escribiendo con la confianza de que, en el momento oportuno, el Señor le pondría nombre; aspecto que me mantuvo permanentemente a la expectativa de ese gran momento.

Dios no ha escatimado ningún medio para hacerme llegar sus revelaciones. De manera que, demostrando su inmensa creatividad, ha utilizado una gran variedad y diversidad de medios para comunicarlas. Entre dichos medios están los siguientes:

- La revelación comunicada directamente a mi corazón
- Su Palabra escrita en la Biblia
- Por medio de prédicas de algunos pastores
- Por medio de profecías
- Por medio de canciones de alabanza
- Por medio de su majestuosa creación
- Por medio de películas o filmaciones
- Por medio de algunos libros
- Por medio de la Internet
- Por medio de algunos programas de televisión, entre otros...

En el caso particular de las prédicas, lo más curioso y asombroso es que, mientras los pastores predicaban sobre un aspecto particular de la Palabra de Dios, el Señor aprovechaba dicha prédica para revelarme situaciones muy distintas a los aspectos específicos que cubrían las prédicas de esos pastores. Lo anterior, sin que de modo alguno hubiera discrepancia entre la prédica y la revelación que recibía. ¿No es eso impresionante?

El medio que el Señor usó con mayor frecuencia e intensidad para hacer llegar sus revelaciones fue por la vía de la comunicación directa a mi corazón, vía por la que recibí más del 80% de las mismas y quizás las más relevantes.

Por lo tanto, casi todo lo escrito en este libro es revelado por Dios y/o apoyado en la Biblia. Las pocas excepciones y opiniones personales están claramente señaladas en el momento en que se consignan.

1.4 La Importancia de las Revelaciones

La verdad es que las revelaciones son como "pan fresco" para el espíritu del creyente. Así las describía mi pastor de aquellos años, James Mc Innes (q.d.D.g.), de la Iglesia Unión en Moravia, San José, Costa Rica. Asimismo, estas vienen a responder a grandes interrogantes, a llenar importantes vacíos y, a reforzar el compromiso del creyente con el Señor, e incluso, vienen a servir como una plataforma de respuestas para el incrédulo, a fin de que también le crea a Dios.

1.5 Las Revelaciones y las Respuestas a Grandes Preguntas de Todas las Épocas

Las revelaciones contenidas en este libro responden a una gran cantidad de preguntas que los seres humanos hemos hecho a través de todas las épocas y, más aún, dan respuestas a una serie de interrogantes que muchos creyentes, aun con un profundo conocimiento de la Palabra de Dios se han planteado a través del tiempo. Por cierto, buena parte de esas respuestas revelan el misterio mismo de Dios.

A continuación, se enumeran algunas de las tantas preguntas que encuentran respuestas claras en este libro, veamos:

1. ¿Cuál es el propósito por el que Dios creó al hombre?
2. ¿Por qué Dios creó un universo infinito?
3. ¿Por qué el diablo tuvo celos del hombre?
4. ¿Cómo se explica el misterio de la Santísima Trinidad?
5. Si el universo ni nada de lo que hay en el mundo puede contener a Dios, ¿cómo es posible que el corazón humano sí lo puede contener?
6. ¿Cómo es que Dios, siendo uno, puede morar íntegra y simultáneamente en el corazón de millones y millones de creyentes y seguir siendo Uno?
7. ¿Dónde está localizado el corazón espiritual del hombre?
8. ¿Dónde está localizada el alma del hombre?
9. ¿Con qué "material o esencia", Dios está construyendo su Santo Templo?, o sea, su santa morada, la Esposa del Cordero, o lo que es lo mismo, el Cuerpo de Cristo.
10. ¿Cuáles son la primera y la segunda muerte del ser humano?
11. ¿Por qué estando bajo el yugo del Imperio Romano, la llegada de Jesús no llenó las expectativas del pueblo de Israel?
12. ¿Cuáles fueron los dos hechos históricos que se dieron simultáneamente con la caída de Adán y Eva?

13. ¿Qué significa realmente amar a Dios?
14. ¿Por qué Dios no derrota al diablo de una vez por todas, eliminando así el mal y el pecado del mundo?
15. ¿Cuáles fueron los primeros hijos de Dios?
16. ¿Por qué fue necesario que existiera el Paraíso y quiénes estuvieron hospedados allí?
17. ¿A dónde están Enoc y Elías que fueron arrebatados por Dios?, ¿están en el Cielo junto al Señor?
18. ¿Por qué todos los creyentes son israelitas e hijos de Abraham?
19. ¿Qué es lo único en toda la creación sobre el cual Dios renunció a ejercer su soberanía?
20. ¿Cuál es la única posesión real del hombre?
21. ¿Qué es la muerte y cuántos tipos de muerte existen?
22. ¿Por qué desde el punto de vista espiritual, la muerte física no existe?
23. ¿Cuál es la relación que se da entre el Espíritu Santo de Dios y el alma humana cuando el hombre recibe a Jesucristo en su corazón?
24. ¿Qué sucede entre el Espíritu Santo de Dios y el alma del creyente cuando él parte de este mundo?
25. ¿Cuándo se dieron las dos victorias de Jesús sobre la muerte?
26. ¿Cuál es el misterio en la sangre de los sacrificios? Y, ¿cuál es la diferencia entre el sacrificio de los animales y el sacrificio de Jesús, hijo de Dios?
27. ¿Por qué Jesús es el primogénito de entre los muertos?
28. ¿Qué es en realidad, el Reino de Dios?
29. ¿Dónde está el Reino de Dios y qué tan lejos está del creyente?

30. ¿Por qué Dios se llama "Yo Soy"?
31. ¿Cómo hace Dios para unir o integrar a los creyentes y formar su nueva morada?, o sea, la Iglesia, el Cuerpo de Cristo o Esposa del Cordero.
32. ¿Cómo se llama la madre de los hijos de Dios?
33. ¿Cómo es que los creyentes, siendo hijos de Dios, unidos se convierten en la Esposa del Cordero y cada uno sigue siendo hijo de Dios?
34. ¿Qué es realmente la Nueva Jerusalén?
35. ¿Qué quiso decir Dios cuando declaró que David es un hombre conforme a su corazón?
36. ¿Por qué los creyentes de hoy, en general, no tienen el poder que tenían los primeros cristianos?
37. ¿Existe diferencia entre el diablo y Satanás?
38. ¿Cuál es la diferencia entre el Dios Alfa y el Dios Omega?
39. ¿Por qué la doctrina del panteísmo solo se cumple en Dios: tanto en su condición de Dios Alfa, como en su condición de Dios Omega?
40. ¿Llegará el hombre a ser Dios?
41. ¿Cuál es la "máquina del tiempo" del creyente?
42. ¿Por qué el universo es una apariencia o un enorme fantasma?

Mediante múltiples revelaciones, el Señor descubre su misterio y de paso responde a las anteriores interrogantes e inquietudes y muchas más en este libro.

Antes de proseguir, conviene hacer las siguientes aclaraciones útiles para una mejor comprensión de esta obra.

- Cuando se usan los términos genéricos hombre o hijo, estos se usan en el sentido bíblico, por lo tanto, incluyen ambos géneros: hembra y varón.

Esto por cuanto, la verdad es que el concepto de género, o sea, el de hembra y varón, es un concepto natural o terrenal que Dios creó para posibilitar el proceso de procreación o multiplicación de la especie humana, es decir, como "mecanismo" para la "producción" de sus potenciales hijos e hijas. Sin embargo, el espíritu no tiene sexo, no es ni varón ni hembra, es espíritu. Esta aclaración la hago, consciente de la creciente sensibilidad que existe actualmente en la materia de género.

- El término "creyente", se usa como sinónimo de cristiano o hijo e hija de Dios en este libro.

- También es importante señalar para aclarar, que no todas las verdades consignadas aquí son totalmente nuevas, algunas ya son conocidas, están en la Biblia; pero sirven de fundamento o referencia para la comprensión de las revelaciones. Cada lector tendrá entonces que decidir por sí mismo, lo que le es novedoso y lo que le es ya conocido de todo lo consignado en estas páginas.

El mérito, y quizás, la mayor relevancia de este libro, porque en esto no tengo revelación de Dios, más doy mi parecer, es que constituye un cuerpo de revelaciones que se ofrecen juntas con la esperanza de que ayuden a limpiar, vivificar y vitalizar el corazón de todos las personas abiertas y dispuestas a lanzar una mirada más profunda a la única realidad, que por ser "invisible", suele escapar a la comprensión de muchos cuyos sentidos naturales frecuentemente les impiden conocerla.

CAPÍTULO 2

EL DIOS ALFA, EL PRIMERO, EL ÚNICO, EL DIOS UNO EN TRES

En un principio solo estaba Dios. Él estaba solo en sus tres personas: Padre, Hijo y Espíritu Santo. Estaba solo como Dios, no había nadie ni más nada, por eso Él en el principio es el Dios Alfa, El Primero y el Único, el Dios uno en tres, es decir, un solo Dios en tres personas: Padre, Hijo y Espíritu Santo. Dios era su propia morada, o sea, Él moraba dentro de sí mismo, moraba dentro de su propio corazón. No existían ni los cielos ni la Tierra, es decir, no existía el universo, solo estaba Dios.

2.1 **El Plan de Dios**

Desde el principio mismo, antes de la creación del universo y la fundación del mundo, Dios concibió y diseñó un plan. El plan de Dios consistía en hacerse o darse una descendencia, tener una familia, una casa, es decir, fundar una familia. Entre sus propósitos para tener su familia está el dispensarse a sí mismo en ella, o sea, depositar su esencia en su familia: en su esposa e hijos. De esta manera, Dios quería una descendencia como "extensión o multiplicación" de sí mismo. Para eso, era y es necesario que esta familia constituida por Dios como Padre, por su esposa como madre y por sus hijos, esté arraigada y cimentada en santidad y amor. El plan consistía en establecer con su familia el mismo triángulo de perfecto amor que existe entre Dios Padre, Dios Hijo y Dios Espíritu Santo, es decir, entre las tres personas del Dios uno en tres.

2.2 **La Santa y Real Familia de Dios**

El propósito de Dios entonces es fundar su familia para dispensarse, expresarse y multiplicarse en ella y, para constituir a cada hijo rey y sacerdote para que reinen con Él por toda la eternidad.

Para fundar su familia, Dios requería que su esposa e hijos fueran igual de santos que Él; pero que, a la vez, no fueran exactamente iguales a Él, sino que, compartiendo su esencia, tuvieran "rasgos" diferenciados. Asimismo, es requisito que sus hijos seamos parte de ambos, es decir, parte de Dios como Padre y parte de su Esposa como madre y, que ambos, o sea, Dios y su Esposa sean uno, un solo Espíritu. Lo anterior explica el por qué Dios, homologando al plan para su propia familia celestial, definió que, en los matrimonios terrenales entre hombre y mujer, ambos sean una sola carne.

En Marcos 10:7-8 el Señor expresa ese concepto de la siguiente manera:

> *Por esto dejará el hombre a su padre y a su madre, y se unirá a su mujer,* ***y los dos serán una sola carne****; así que no son ya más dos, sino uno.* (Marcos 10:7-8).

De esta manera debe quedar muy claro que la institución de la familia fue concebida y creada por Dios mismo, desde el principio mismo de los tiempos y, antes de la fundación del mundo.

También Dios tomó la decisión de que su familia, es decir, su esposa e hijos, se constituyeran al mismo tiempo en su Santo Templo, su santa morada, o sea, su nueva morada. Porque entre sus planes estaba y, está, "dejar de morar dentro de sí mismo" para morar en la nueva morada que Él se está edificando. Se trata de la nueva "casa" que se propuso estrenar.

Por lo tanto, **es con ese propósito que Dios creó al hombre, para que sea o forme parte de su familia, una familia en la que el Señor se propone dispensarse, multiplicarse y expresarse**. La anterior afirmación es así de sencilla. Por ser Dios el Gran Ingeniero y Arquitecto Celestial, el Planificador Perfecto, contempló, previo a la creación del ser humano, una serie de preparativos muy detallados y especiales para acomodar la obra maestra de su creación: el hombre (varón y hembra).

Estos planes y preparativos incluían, entre otros aspectos, la creación del universo y todo lo que en él hay.

Una obra majestuosa, primorosa y portentosa que tiene como fin, representar una "realidad" diferente a la de Dios y a la vez, servir como testimonio de su majestuosidad, grandeza y esplendor. Además, dicha creación serviría para hospedar y acomodar al hombre, facilitando y posibilitándole su existencia física o natural.

2.3 El Libre Albedrío del Hombre

También dentro de sus planes, Dios tomó otra decisión extraordinaria: supeditar la formación de su familia a la voluntad del hombre. El hombre podría decidir si aceptarlo y amarlo, o desobedecerlo y rechazarlo y, consecuentemente, aceptar o rechazar su oferta de formar parte de la santa y real familia de Dios. Esto significa que Dios mismo se auto condicionó, se auto restringió poniéndose límites con respecto a la decisión que el hombre determina tomar. Por esa razón, Dios desde el principio mismo creó al hombre de manera recta y perfecta y lo creó con libre albedrío, es decir, con la libertad de decidir y escoger.

A consecuencia de lo anterior, Dios dio al hombre dominio sobre su libre albedrío. **Se inhibió a sí mismo de ejercer soberanía sobre el hombre en lo concerniente a ese libre albedrío que, como veremos luego, en realidad no es otra cosa que el alma del hombre**. Quizás, porque en lo siguiente no tengo revelación de Dios, mas doy mi parecer, Dios consideró que sería de poco valor que Él creara al hombre sin libre albedrío y que este por imposición fuera "obligado o forzado" a amarlo, no teniendo otra opción que aceptar ser parte de su familia. Esto significaría que Dios tendría una familia, esposa e hijos, a los cuales les habría impuesto "a la fuerza" el tener que amarlo, aprovechando su condición de Dios, cuando su esencia que es el amor, no obliga ni impone condiciones.

En la carta del Apóstol Pablo a Filemón, los versículos 13 y 14 describen el mismo espíritu por el cual Dios le dio libre albedrío al hombre y no le forzó a ser su hijo, pudiéndolo hacer:

> *Yo quisiera retenerle conmigo, para que en lugar tuyo me sirviese en mis prisiones por el evangelio;* ***pero nada quise hacer sin tu consentimiento****, para que tu favor no fuese como de necesidad, sino voluntario.* (Filemón 13-14).

Pues bien, ese libre albedrío con que el Señor creó al hombre para asegurar y garantizarse que, sin coacciones ni imposiciones, lo ejerza libremente a la hora de decidir si acepta o rechaza la oferta de ser su hijo. Sin duda alguna, es fundamental porque representa un aspecto esencial dentro del plan de Dios para fundar su familia y darse su descendencia.

Como parte de esa alternativa que Dios creó para que el hombre ejerciera su libre albedrío, está el mundo físico o natural con sus propios afanes. De esta manera el hombre tendría la opción clara de obedecer a Dios, su Creador o afanarse con los bienes de este mundo. O sea, decidirse por el Creador o por su creación.

Por lo tanto, Dios creó el universo que representa una "realidad" visible como alternativa a sí mismo, que es una realidad invisible.

> En resumen, Dios creó un universo magnífico para resaltar su propia grandeza. Pero también inmensa y majestuosa como forma de exponer al ser humano a una realidad contraria a la suya, para que sirva de contrapeso a sí mismo; consecuentemente, constituya una alternativa para el ejercicio del libre albedrío del hombre.

2.4 **La Triple Esencia del Hombre**

Una vez que creó el universo y todo lo que en él hay, Dios se abocó a crear su obra maestra: el hombre (varón y hembra). Lo creó con una triple esencia, veamos:

1. Lo creó como parte del Creador, o sea, como parte de sí mismo, esto es, a su imagen y conforme a su semejanza, es decir, como parte de su propia esencia espiritual, de la esencia perfecta y eterna de Dios.
2. Creó al hombre como parte de su creación, esto es, como parte del universo que es una esencia física, natural y temporal.
3. También Dios creó al hombre con una esencia diferente a las dos anteriores: con alma, que es un regalo o don de Dios para el hombre. Es la única de

las tres esencias que en realidad pertenece a cada ser humano. Es la esencia en que se expresa y se manifiesta su libre albedrío.

Proverbios 16:1 lo ejemplifica de la siguiente manera:

> ***Del hombre son las disposiciones del corazón****; mas Jehová es la respuesta de la lengua.* (Proverbios 16:1).

De esta manera, Dios creó al hombre como una trinidad: una parte que constituye Dios mismo dentro de él, es decir, el Espíritu de Dios; una segunda parte que es el universo mismo dentro de él, o sea, su cuerpo físico y, una tercera parte que es "libre e independiente," su alma, una esencia espiritual especial que le permitiera al hombre las disposiciones de su corazón para escoger su propio destino final.

2.5 **El Propósito Último de la Creación**

De acuerdo con lo señalado anteriormente, todo lo que existe, sea material o espiritual, es producto de la creación de Dios y, tiene como propósito último, facilitar y propiciar la formación de la familia de Dios: su esposa y muchos hijos. Sus hijos que juntos como se dijo, se constituirán en su santo templo o la nueva morada de Dios. Efesios 2:19-22 lo describe así:

> *Así que ya no sois extranjeros ni advenedizos, sino conciudadanos de los santos,* ***y miembros de la familia de Dios,*** *edificados sobre el fundamento de los apóstoles y profetas, siendo la principal piedra del ángulo Jesucristo mismo, en quien todo el edificio, bien coordinado, va creciendo para ser* ***un templo santo*** *en el Señor; en quien vosotros también sois juntamente edificados para* ***morada de Dios*** *en el Espíritu.* (Efesios 2:19-22).

Como se dijo antes, Dios ha sido desde siempre templo de sí mismo, Él ha morado dentro de sí mismo, es decir, dentro de su propio corazón. Una de las decisiones que tomó desde antes de la fundación del mundo, fue formar una familia y que su familia se constituyera en su nuevo templo, en la nueva morada que habría de construirse y estrenar dentro de sí mismo.

Esa familia, ese nuevo templo, o nueva morada está siendo edificada con las almas limpias, puras, redimidas, transformadas y vivificadas de todos los creyentes o salvos en Jesucristo. Por consiguiente, en este preciso momento, **el nuevo templo de Dios se encuentra en plena construcción**.

La primera piedra del templo la constituye el primogénito de Dios, su hijo Jesucristo. El resto de las piedras preciosas de dicha construcción, lo constituyen todos los salvos en Jesucristo.

Así pues, **el "material" del que está siendo construida la nueva morada de Dios es de almas. Almas limpias y puras de todas las mujeres y hombres redimidos, transformados y vivificados en Jesucristo**.

Por lo tanto, por ese propósito y fin último de Dios, todo lo que existe en la creación, de una manera u otra, es facilitador de sus propósitos. En otras palabras, toda la creación sirve a Dios y a sus propósitos. Romanos 11:36 y Salmos 119:91, lo afirman de la siguiente manera:

> *Porque de Él, y por Él, y para Él, son todas las cosas. A Él sea la gloria por los siglos. Amén.* (Romanos 11:36).

> *Por tu ordenación subsisten todas las cosas hasta hoy, Pues* ***todas ellas te sirven****.* (Salmos 119:91).

El deseo de Dios es que todas las personas seamos parte de su familia. Sin embargo, con el ejercicio de su libre albedrío, unas escogen ser parte de su familia y otras rechazan su oferta. Pero todos sin excepción somos facilitadores del proceso de formación de su familia, o sea, de la edificación de su Santo Templo, de su nueva morada que ha de estrenar. Nada ni nadie puede salirse ni escapar de esa voluntad de Dios.

A consecuencia de lo anterior, cada persona tiene la opción de aceptar o rechazar la oferta de Dios de formar parte de su familia; pero lo que no puede hacer, es salirse de los planes de Dios. Todos estamos enmarcados dentro de ellos, sin excepción alguna.

2.6 **Característica Principal de la Familia de Dios**

Como se sabe, Dios es amor y, el amor es uno de sus principales atributos. Por eso, la condición que el Señor estableció para formar su familia es que esta estuviera fundada en amor. Amor entre padre, madre e hijos. Eso explica el por qué, Él nos amó entrañablemente y sin condiciones desde el principio.

Por lo tanto, es el deseo de Dios; asimismo, que su esposa e hijos lo amen sobre todas las cosas. Que pongan al Señor en el primer lugar, por encima de todo y de todos. Dios quiere establecer entre Él y su familia, o sea, su esposa e hijos, el mismo triángulo de perfecto amor y armonía que existe entre las tres personas de la Divina Trinidad [el Padre, el Hijo y el Espíritu Santo].

Por otro lado, basta con que el hombre se convierta en creyente y ame a Dios para que su cónyuge, es decir, la Esposa del Cordero, la Iglesia, también lo ame. Porque es importante señalar para recordar que la Esposa del Cordero, está siendo constituida por la integración de todas las almas redimidas, transformadas y vivificados de todos los creyentes de todas las épocas.

Por lo tanto, la característica principal de la familia de Dios [su esposa e hijos], es estar cimentada y arraigada en el mismo amor del Padre.

CAPÍTULO 3

El Papel o Rol del Diablo

Como se dijo antes, toda la creación tiene como fin último servir y facilitar el propósito de Dios que es, la formación de su familia, o sea, la edificación de su santa morada. El diablo que es parte de la creación, sin duda alguna, también forma parte de los planes y propósitos de Dios.

Si no existiera el diablo no existiría el mal ni el pecado. Por lo tanto, el hombre no tendría ante sí, la alternativa necesaria para ejercer su libre albedrío, que como se dijo antes, es una condición *sine qua non* o esencial para poder formar parte de la santa y real familia de Dios.

Por eso, aunque parezca paradójico, la realidad es que el diablo forma parte integral de los propósitos de Dios. El diablo y sus huestes demoniacas se constituyen en los principales andamios de la construcción de la santa morada de Dios y, como todo andamio, estos tienen su final muy bien definido: el diablo y sus huestes serán arrancados y desechados una vez terminada la construcción. Ayudarán a construir la santa morada de Dios, porque sirven el propósito de proveer de alternativa al hombre para que ejerza su libre albedrío. Pero al final, serán desechados y no formarán parte de la morada eterna de Dios.

Así, Dios ha permitido a Satanás todas sus maldades como parte de su estrategia para cumplir su propósito fundamental que es dar alternativa al hombre para que pueda ejercer su libre albedrío, escogiendo entre el bien y el mal, es decir, entre la vida y la muerte.

De esta manera, a fin de cumplir sus propósitos, Dios suele echar mano aun al enemigo y a los malos. Un típico ejemplo de lo anterior es el caso de Judas Iscariote. Veamos lo que dice Jesús en Juan 17:12:

> *Cuando estaba con ellos en el mundo, yo los guardaba en tu nombre; a los que me diste, yo los guardé, y ninguno de ellos se perdió,* ***sino el hijo de perdición, para que la Escritura se cumpliese.*** (Juan 17:12).

Dios usó la maldad de Judas para hacer cumplir su propósito en Jesús. Asimismo, usó la maldad de los hermanos de José, los hijos de Jacob, para enviar a José a Egipto a preparar el camino para la llegada de los hijos de Israel, con el fin de que se refugiaran allí durante la hambruna que azotó todas aquellas tierras en esa época. Así lo describe Génesis 45:4-5:

> *Entonces dijo José a sus hermanos: Acercaos ahora a mí. Y ellos se acercaron.*

> *Y él dijo: Yo soy José vuestro hermano, el que vendisteis para Egipto.* (Génesis 45:4).

> ***Ahora, pues, no os entristezcáis, ni os pese de haberme vendido acá; porque para preservación de vida me envió Dios delante de vosotros*.** (Génesis 45:5).

Otro ejemplo es el caso del Faraón de Egipto, Dios lo usó endureciéndole su corazón para darle al pueblo israelita una muestra de su grandeza e inmenso poder y, de paso, para forjar su carácter. Asimismo, hoy, Dios usa al enemigo para proveer a los hombres de una "oferta alternativa" a la suya, para de paso poner a prueba su carácter, perseverancia, templanza, y sobre todo para probar su fe.

Por lo tanto, nuestra responsabilidad es perseverar en la fe y hacerla crecer, para resistir las constantes arremetidas del diablo y vencerlo con nuestra fe.

Con fe y obediencia a Dios, una persona puede resistir el mal que está "encarnado" en el diablo, porque ante esa resistencia, el diablo siempre huye. Así se afirma en Santiago 4:7:

> *Someteos, pues, a Dios;* ***resistid al diablo, y huirá de vosotros*.** (Santiago 4:7).

El diablo es persistente y suele someter a prueba el carácter humano una y otra vez y, para eso, usa una gran cantidad de artimañas, tácticas y estrategias para lograr su propósito. La historia de Job, de una u otra manera, es la historia de todos los seres humanos en cuanto se refiere a las agresiones del diablo. Salvo que, en muchísimos casos, es Satanás el que vence al hombre y termina minando su carácter, destruyéndolo y apartándolo de Dios para apoderarse de su alma.

Job es el ejemplo que Dios nos da de lo que debe ser nuestro carácter y nuestra actitud frente a la adversidad, del carácter y perseverancia que debemos desarrollar; así como, la fe que debemos mantener en el Señor, pase lo que pase y a pesar de toda circunstancia.

Algunas de las pruebas a las que los hombres somos sometidos pueden ser devastadoras como las de Job. Sin embargo, no todas son tan fulminantes; pero lo que sí es cierto, es que toda persona es sometida a prueba sin excepción alguna. Incluso, Jesús fue tentado y puesto a prueba.

No hay ninguna excepción, porque Dios exige que toda persona ejerza su libre albedrío como requisito para calificar y formar parte de su familia, o sea, de su santa morada. Ese libre albedrío solo puede ejercerse si la persona tiene ante sí, dos alternativas mutuamente excluyentes para que pueda escoger entre el bien y el mal, es decir, entre la vida y la muerte.

En resumen, ni siquiera el diablo se escapa a los planes y propósitos de Dios. Antes bien, él forma parte fundamental del plan maestro de Dios, que como se dijo, es fundar su familia y construir y estrenar su nueva morada. **Es por esa razón que Dios no ha eliminado al diablo de una vez por todas y, con él, al pecado y a la maldad de este mundo. Porque, mientras el proceso de formación de la familia**

de Dios no termina, el diablo seguirá siendo útil, por lo tanto, estará presente. Sin embargo, él será eliminado permanentemente una vez que el Señor termine el proceso de la formación de su familia. Porque para entonces, su papel de "andamio" habrá terminado y, como corresponde a todo andamio, una vez terminada la construcción, será desechado para siempre.

3.1 **¿Quién es Satanás?**

A menudo en la Biblia se refiere al diablo como Satanás, y por eso, muchas personas llegan a creer que el diablo y Satanás son exactamente lo mismo. Bueno en cierta forma sí lo son. Sin embargo, conviene hacer algunas aclaraciones al respecto.

3.1.1 ***¿Quién realmente es Satanás?***

En realidad, Satanás es todo aquel que tienta o que sirve de piedra de tropiezo para que una persona caiga en pecado. En Mateo 16:22-23 esto se aclara con la siguiente situación que se presentó entre Jesús y Pedro:

> *Entonces Pedro, tomándolo aparte, comenzó a reconvenirle, diciendo: Señor, ten compasión de ti; en ninguna manera esto te acontezca.*

> *Pero él, volviéndose, dijo a Pedro:* ***¡Quítate de delante de mí, Satanás!****; me eres tropiezo, porque no pones la mira en las cosas de Dios, sino en las de los hombres.* (Mateo 16:22-23).

Como se puede constatar, Jesús llamó Satanás a Pedro; sin embargo, Pedro no era el diablo. Lo que ocurre es que se suele llamar Satanás al diablo, porque el diablo es el más Satanás de todos los "satanases", es decir, porque el diablo es un Satanás por excelencia. Asimismo, conviene aclarar que, bajo las condiciones propicias, cualquier persona puede convertirse en un Satanás en un momento dado, aunque dicha persona sea en esencia, santa.

CAPÍTULO 4

El Alma del Hombre

Sabemos que Dios creó al hombre perfecto, con libre albedrío, y se aseguró de que le fuera necesario ejercerlo como requisito o condición esencial para formar parte de su familia. Asimismo, como se dijo antes, ese libre albedrío es en esencia el alma con que Dios creó al hombre.

Al decidir fundar su familia, o sea, tener una esposa e hijos, como se afirmó anteriormente, Dios no quiso que esta fuera exactamente igual a Él, es decir, que su familia y Él fueran iguales. Por eso optó por crear una "esencia espiritual" diferente de sí mismo, para con base en la misma fundar su familia. Dicha naturaleza o esencia es el alma del hombre. En otras palabras, Dios no quería casarse consigo mismo, o sea, no quiso tener una esposa que fuera Él mismo, esto es, "hecha de sí mismo", de exactamente su misma "naturaleza" o de su propia esencia.

Por eso Dios creó el alma humana y se la dio en posesión

al hombre, auto-limitando su soberanía sobre ella para así dejarla exclusivamente en manos de él.

Sin embargo, lo que sí era necesario e indispensable y, Dios así lo previó, es que dicha esencia, es decir, el alma del hombre, tuviera la capacidad de ser asimilada por la esencia de Dios y de cohabitar o morar con su Santo Espíritu.

4.1 **Algunas Características del Alma Humana**

Como se dijo antes, Dios creó al hombre con alma, una "esencia espiritual", una especie de trinidad constituida por tres naturalezas o manifestaciones que son: mente, emociones y voluntad. Pero al igual que la trinidad de Dios que consiste en un solo Dios quien está presente en toda su plenitud en sus tres personas; el alma humana es una sola y, también está presente en su plenitud en cada una de sus tres esencias o naturalezas antes mencionadas. Dicho con mayor claridad, en la mente humana está la plenitud de sus emociones y de su voluntad, en sus emociones está la plenitud de su mente y de su voluntad y, en la voluntad humana está la plenitud de su mente y de sus emociones. Asimismo, en las tres esencias está presente la plenitud del alma misma. En pocas palabras, en cada una de las tres esencias del alma, está presente la plenitud de sus otras dos esencias; así como la plenitud del alma misma.

Por lo tanto, al igual que Dios es uno, el alma humana es una y, justamente es el alma la que provee al hombre de su libre albedrío. Por cierto, **El alma se encuentra localizada en el corazón del hombre**.

En resumen, debemos subrayar que al igual que Dios es uno y constituye una trinidad: Padre, Hijo y Espíritu Santo y, las tres personas están presentes simultáneamente en cada una de ellas y la plenitud de Dios está presente en cada una de sus tres personas; asimismo, el alma humana es una y constituye una trinidad: mente, emociones y voluntad y, sus tres esencias están presentes simultáneamente en cada una de ellas; así como la plenitud del alma está presente en cada una de sus tres esencias.

También es fundamental señalar para subrayar que el alma de cada persona es singular, exclusiva y única. Porque es lo que hace de cada persona un ser único e irrepetible de la creación de Dios.

Por cierto, con respecto a lo anterior y desde el punto de vista divino, ninguna persona es común y corriente; aunque esta piense y actúe como tal. Lo anterior por cuanto todos y cada uno de nosotros somos una obra maestra, única e irrepetible de la creación de Dios. Por lo tanto, es imposible que una persona sea común y corriente; más bien, cuando alguien cree que lo es y actúa como tal, ofende al Señor menospreciando su extraordinaria obra.

4.2 La Trinidad de Dios y su Relación con la Trinidad del Alma

Existe una correspondencia biunívoca, es decir, una correspondencia de uno a uno entre las tres personas de la trinidad de Dios y las tres partes o naturalezas de la trinidad del alma humana. Dicho de otra manera, existe una afinidad o contraparte entre cada una de las esencias de la trinidad del alma humana y cada una de las personas de la trinidad de Dios. Veámosla:

1. El Espíritu Santo de Dios anhela fervientemente la voluntad del hombre.
2. El Hijo, o sea, Jesucristo, anhela fervientemente las emociones del hombre y,
3. El Padre anhela fervientemente la mente del hombre.

Dios creó al ser humano con el potencial para controlar su alma. Sin embargo, según la vida que lleva cada persona de cara o de espaldas a Dios, esta capacidad potencial podrá o no convertirse en una capacidad real para ejercer el control y mayordomía sobre su alma. Por otro lado, el alma humana fue creada con la capacidad de honrar a Dios. Pero, precisa y curiosamente para controlar su alma, es necesario que el hombre honre a Dios:

1. Con sus pensamientos, es decir, con su mente
2. Con sus sentimientos, o sea, con sus emociones y,
3. Con sus intenciones, esto es, con su voluntad.

Por lo tanto, cuando el alma humana entra en armonía y comunión con Dios, el Espíritu de Dios ayudará al hombre a desarrollar la capacidad de ejercer control y mayordomía sobre su alma.

4.3 La Más Valiosa Posesión del Hombre: su Alma

En general, es muy poca la importancia que el hombre suele dar a su alma. Sin embargo, paradójicamente, esta es por mucho su más valiosa posesión. **Es más, el alma es en realidad la única posesión del hombre**.

Lo anterior por cuanto el Espíritu de Dios que el hombre recibe al confesar a Jesucristo como su Señor y salvador no le pertenece a él, sino a Dios. Su cuerpo que es su tabernáculo natural o físico, pertenece al universo, más concretamente a la Tierra de donde pertenece y, adonde siempre regresa. Pero el alma sí es del hombre, es un regalo que Dios le dio. Por lo tanto, es su única posesión real, su único tesoro. Por tanto, el alma es lo único sobre lo que el hombre podrá ejercer control y decidir su destino.

Además, el alma humana es lo más preciado para Dios. Es lo que Él anhela de las personas, la anhela ferviente y apasionadamente.

Es entonces acertado afirmar que el hombre natural es en realidad su alma

Dios dio a cada persona la posibilidad de controlar su alma y de ejercer señorío sobre ella. Pero eso no es tan sencillo, porque también el diablo anda en pos del alma humana. Por consiguiente, la disputa sin cesar mientras la persona esté en este mundo. Esa disputa es inevitable porque es por mucho la guerra más importante que debe librar cada persona para ejercer su libre albedrío para aceptar a Jesucristo como su Señor y salvador y, así alcanzar la *Vida Eterna*, o para rechazarlo y caer en la muerte eterna, perdiéndose para siempre.

Por eso, todos debemos estar conscientes de que esta guerra es real, que su resultado tiene consecuencias eternas como ninguna otra cosa en nuestra vida, por lo tanto, es nuestra obligación librarla durante toda nuestra vida terrenal.

Además, dicha guerra se da de diversas maneras; aunque no siempre es obvia. Es precisamente por eso que constituye el reto y desafío más serio para la vida de cada ser humano.

Si una persona se mantiene lejos de Dios, sus posibilidades de controlar y ejercer dominio y señorío sobre su alma son muy pero muy pocas. Sin embargo, si esta se acerca a Dios y se somete a Él, sus posibilidades de ejercer dominio sobre su alma son definitivas e incuestionables.

Porque la lejanía del hombre con Dios hace que él, consciente o inconscientemente, le dé acceso y control de su alma al enemigo, mientras su cercanía con Dios y la llenura del Espíritu Santo le da el poder, la autoridad y la sabiduría para someter su alma y ejercer señorío sobre ella. **Es más, lo único sobre lo cual Dios no ejerce soberanía en toda la creación, es sobre el libre albedrío del hombre, es decir, sobre su alma, mientras él no se la entregue al Señor.**

Consecuentemente, lo único sobre el cual el hombre tiene posibilidad de ejercer soberanía y control, es sobre su alma.

Por eso, cuando el hombre se acerca a Dios y aprende a señorear o dominar su alma, es decir, sus pensamientos, sus emociones y su voluntad; desarrollará el poder y autoridad que el Señor tiene reservado para todos los que le creen y le obedecen.

4.4 La Misión Última del Ser Humano

Ya se dijo que la más valiosa posesión humana es su alma, que Dios anhela fervientemente su alma y que el diablo también anda en pos de ella. Por lo tanto, no es posible sobre enfatizar el hecho de que cada ser humano tiene como misión primordial de vida: **desarrollar la capacidad de ejercer señorío y control sobre su alma. Todo con el firme propósito de apartarla, cuidarla, reservarla y entregársela a Dios**.

De modo que, la misión última del hombre es: entregar su alma al Señor, es decir, devolvérsela u obsequiársela de regreso, dado que fue Dios el quien se la dio. Esta es como se dijo antes, su única posesión, por ende, su más valioso tesoro.

4.5 El Espíritu Santo de Dios y el Alma Humana

Cuando una persona acepta a Jesucristo como su Señor y salvador, el Espíritu Santo de Dios entra en su corazón y se acopla con su alma, luego del cual, se inicia una relación de activa **cohabitación o co-inherencia** entre ellos, es decir, empieza una relación de un mutuo morar entre el Espíritu de Dios y el alma de esa persona.

En Juan 14:17, 23, se corrobora ese hecho de la siguiente manera:

> *El Espíritu de verdad, al cual el mundo no puede recibir, porque no le ve, ni le conoce; pero vosotros le conocéis,* ***porque mora con vosotros, y está en vosotros.*** (Juan 14:17).

> *Respondió Jesús y le dijo: El que me ama, mi palabra guardará; y mi Padre le amará,* ***y vendremos a él, y haremos morada con él.*** (Juan 14:23).

Nótese que el Señor no dijo, haremos morada en él, sino con él, lo cual representa ese morar mutuo.

4.5.1 *¿Qué es la co-inherencia o la cohabitación?*

A continuación, veamos la definición del término co-inherencia o cohabitación que se aplicará durante el desarrollo de este libro:

> Definición:
>
> *La co-inherencia o cohabitación, es la mutua convivencia o la relación activa del morar mutuo, el uno en el otro, entre el Espíritu Santo de Dios y el alma del hombre.*

Así entonces, cuando el Espíritu de Dios entra al corazón del hombre, empieza a morar con él y, el Espíritu

Santo y su alma se funden en un solo espíritu, estableciendo una especie de unión indivisible e indisoluble entre ellos. Luego, a consecuencia de ese mutuo morar entre ellos, el alma del hombre cambia de esencia y adquiere la esencia del Espíritu Santo, es decir, la esencia de Dios. Veamos lo que dice 1ª Corintios 6:17:

> *Pero el que se une al Señor,* ***un espíritu es con él****.* (1ª Corintios 6:17).

De esa manera, se establece una especie de matrimonio entre ellos y se inicia un proceso en que el alma del creyente empieza a conocer más y más a Dios por medio del Espíritu de Santo.

Es impresionante que el mismísimo Dios Todopoderoso conviva o cohabite **con el alma del creyente**, es decir, **con un ser humano**. De esta manera, el milagro de la co-inherencia o cohabitación consiste en que, simultáneamente el Espíritu Santo de Dios more dentro del alma del creyente y, que el alma del creyente more dentro del Espíritu Santo de Dios. Veamos lo que dice el Señor en Juan 14:20:

> *En aquel día vosotros conoceréis que* ***yo estoy en mi Padre, y vosotros en mí, y yo en vosotros****.* (Juan 14:20).

De esta manera, esta relación de co-inherencia o cohabitación en la Tierra, constituye las arras o un pequeño pero significativo adelanto o regalo inicial sobre la eventual co-inherencia entre Dios y su familia (esposa e hijos) que se dará por toda la eternidad.

Al entrar el Espíritu de Dios en el corazón del hombre se conecta a su alma y la enciende, la ilumina y la vivifica. Recuérdese que esta, hasta entonces estaba muerta espiritualmente, por lo tanto, estaba en tinieblas. Por eso, es a partir de ese momento que el alma del hombre resplandece y nace a la vida, y es solamente hasta entonces que la persona adquiere la esencia de Dios, es decir, que el hombre vuelve a ser de la imagen y conforme a la semejanza de Dios, como lo fue en un principio de la creación del hombre y antes de la caída de Adán y Eva.

Por esa relación de co-inherencia o cohabitación entre el Espíritu de Dios y el alma del creyente, se establece una especie de *mini tabernáculo mutuo,* y en ese morar mutuo y fusión entre ellos, el alma del hombre va asimilando las condiciones divinas del Espíritu Santo de Dios, mas no al revés. De esta manera, se inicia el proceso de transformación del alma del creyente cuyo propósito es prepararla para su "viaje" hacia el Reino de Dios.

Dicho proceso de asimilación y preparación se da permanentemente, entretanto, el creyente esté en este mundo, y termina cuando lo abandona. Una vez que el creyente termina su ciclo natural de vida, el Espíritu Santo *regresa a Dios* llevándose consigo su morada que en este caso es el *alma transformada y vivificada del creyente*.

Por otro lado, es vital entender que el alma humana no puede perfeccionarse ni prosperar sin la comunión y co-inherencia con el Espíritu Santo. Por eso Dios envió su

Espíritu Santo, para transformar, perfeccionar, vivificar y hacer prosperar al alma del creyente.

Finalmente, no debe pasar inadvertido el gran milagro que significa que el Espíritu Santo de Dios, o sea, el mismísimo Dios Todopoderoso more en el corazón del ser humano. Lo anterior es significativo, dada la siguiente declaración del Rey Salomón en 1ª de Reyes 8:27:

> *Pero ¿es verdad que Dios morará sobre la tierra?* ***He aquí que los cielos, los cielos de los cielos, no te pueden contener****; ¿cuánto menos esta casa que yo he edificado?* (1ª Reyes 8:27).

El Rey Salomón se expresó de esa manera con cierto asombro porque la casa que había edificado para Dios no lo podía contener. Ahora bien, si el universo entero no puede contener a Dios, entonces, ¿cómo el corazón del hombre sí lo puede contener plenamente?

Pues tanto es su amor y anhelo que Dios tiene por el hombre que, realiza el milagro de hacer posible que su plenitud more dentro del corazón humano. Eso lo hizo Dios al crear una esencia espiritual muy especial: el alma del hombre, la cual, realmente no pertenece al universo ni forma parte de él. Por eso **el alma es una esencia espiritual que, bajo ciertas circunstancias, sí es capaz de contener a Dios**.

La explicación de este milagro se basa en el hecho de que solo Dios puede contenerse a sí mismo y, porque Él no puede salirse de sí mismo.

Por tanto, para que el Señor habite en el corazón humano, su Espíritu Santo transforma y convierte el alma humana a la esencia de Dios, fundiéndose con ella indivisible e indisolublemente. De este modo, el alma, convertida a la esencia de Dios, adquiere la capacidad de contener a Dios, porque en realidad, es Dios conteniéndose a sí mismo.

Por lo tanto, la afirmación del Rey Salomón sigue siendo válida y correcta, es decir, el universo no puede contener a Dios. Porque resulta que Dios quien es el único que puede contenerse a sí mismo no es de este mundo; consecuentemente, no es del universo. ¡Impresionante! ¿No es cierto?

Por todo lo anterior, cuando el Señor convierte el corazón del hombre en su morada, lo que en realidad hace es trasladar el Cielo al corazón del creyente. Por consiguiente, el Cielo no es un lugar lejos, misterioso, remoto ni desconocido para el creyente; más bien, está dentro su mismísimo corazón. **Porque el Cielo es la presencia misma de Dios**; consecuentemente, el Cielo está en el lugar adonde está Dios.

Lo curioso es que, a pesar de que todos los creyentes sabemos que el Señor mora con nosotros dentro de nuestro corazón, frecuentemente, muchos se refieren al Señor como un Dios que está muy lejos de nosotros, es decir, como un Dios que está en un Cielo ignoto o desconocido, cuando el Señor Dios Todopoderoso está en nosotros, dentro de nuestro corazón a quienes Él ha convertido en su morada. ¡Asombroso!

CAPÍTULO 5

ADÁN Y EVA: SERES ESPIRITUALES PERFECTOS E INMORTALES

Veamos ahora el entorno y las condiciones en que Dios creó al hombre: Adán y Eva. Los creó rectos y perfectos como seres espirituales, santos, inmortales, por lo tanto, los creó eternos. Los creó a su imagen y conforme a su semejanza, es decir, de su propio Santo Espíritu. Dicho de otra manera, estos fueron creados de su propia esencia, la esencia de Dios. Fueron creados como hijos de Dios y, por eso, **Adán y Eva fueron los primeros hijos de Dios en la Tierra**. Sobre esto veamos lo que dice Lucas 3:38, cuando está describiendo la genealogía de Jesús:

> *Hijo de Enós, hijo de Set, hijo de Adán,* ***hijo de Dios****.* (Lucas 3:38).

La vida de Adán y Eva era como un círculo perfecto de vida pura, porque todo en ellos era Vida. Pero Dios los creó con libre albedrío y, les dio poder y autoridad sobre toda la Tierra y sobre todo lo que en ella hay: animales, bestias, peces, aves, plantas, todo. No existía el dolor, ni el pecado, ni la muerte, ni el trabajo físico, porque Dios les dio el poder, la autoridad y la capacidad de gobernar, liderar, señorear y ejercer dominio sobre su creación por medio de la palabra expresada a través de su pensamiento.

Importante es señalar que Adán y Eva eran de limpio corazón. Sus corazones estaban limpios de malos pensamientos y de emociones negativas. Estos no existían, no los conocían. Emociones negativas tales como: codicia, ira, celos, odio, superstición; así como, espíritus tales como, el espíritu de temor, simplemente no existían en sus corazones.

Cuando Dios creó a Adán y Eva con libre albedrío, se propuso garantizarles el libre y efectivo ejercicio del mismo y, para eso, les proveyó de las alternativas necesarias para que escogieran entre ellas. De esta manera, Dios pone delante del hombre la vida y el bien y, la muerte y el mal. Deuteronomio 30:15 lo señala de la siguiente manera:

> *Mira, que yo he puesto delante de ti hoy la vida y el bien, la muerte y el mal.* (Deuteronomio 30:15).

Dios en este caso concreto, les ordenó que *no comieran del fruto del árbol de ciencia del bien y del mal.* Así, Adán y Eva tuvieron la oportunidad de ejercer su libre albedrío, obedeciendo o desobedeciendo a Dios.

5.1 La Caída de Adán y Eva

Adán y Eva escogieron desobedecer a Dios, por lo tanto, lo desecharon como su Señor y escogieron un nuevo señor, escogieron a Satanás. Es así como, su círculo perfecto de vida se partió, transformándose de un círculo perfecto en una especie de *línea continua, o continuum lineal* imperfecta en donde la vida y el bien se situó en un extremo y, la muerte y el mal en el otro. Estos últimos estaban ausentes inicialmente en la vida de ellos.

Por lo tanto, a partir de la caída de Adán y Eva, la existencia humana se va a caracterizar por ser esa especie de *continuum lineal imperfecto*, con la vida y el bien y, la muerte y el mal en sus respectivos extremos.

Por otro lado, en el Jardín del Edén, Adán y Eva se comunicaban entre sí y con todos los seres de la creación de manera normal y rutinaria. Esta comunicación se realizaba por medio de su supra-consciente[1].

5.1.1 *El engaño de Satanás*

Satanás tuvo celos de Adán y Eva, porque no aceptaba el hecho de que, siendo seres espirituales, al mismo tiempo tuvieran libre albedrío, es decir, que tuvieran voluntad propia para escoger. Esta es una condición de la cual, ningún ángel había disfrutado antes, siendo esta, un obsequio de Dios. Así que se propuso engañarlos para que perdieran el favor de Dios. Por lo tanto, comenzó

[1] Aquí se llamará "supra-consciente" al mal llamado subconsciente

a observarlos detenidamente en el Jardín del Edén para ver la forma en que los podía engañar para inducirlos a la desobediencia a Dios. Producto de dichas observaciones, se dio cuenta de que es a Adán a quien realmente necesitaba engañar por ser la cabeza de los dos, y que a él se le podía llegar por medio de su mujer: Eva.

De manera que, Satanás diseñó un plan, el cual consistía en establecer una "muy buena relación con Eva" para ganarse su confianza y, por su medio llegar a Adán. Por consiguiente, decidió "buscar" a Eva, comunicarse con ella para empezar a establecer una relación de confianza entre ambos.

Lo de la serpiente es una alegoría que representa a Satanás comunicándose con Eva.

Así pues, la serpiente [el diablo] que era muy astuta y persistente, cultivó con el tiempo una relación "amistosa" con Eva y, "conversaron" sobre sus derechos y limitaciones con respecto a los "frutos de los árboles" que ella y Adán podían comer del huerto. Entonces, Satanás empezó a alimentar el corazón de Eva con emociones nuevas, todas ellas negativas. Pero también, Satanás logró otra cosa muy significativa, logró debilitar el amor que Eva sentía por Dios; consecuentemente, debilitar su disposición a obedecerle.

Debido a lo anterior, las primeras emociones negativas comenzaron a invadir el corazón de Eva y empiezan a contaminarlo y a corromperlo. Estas primeras emociones negativas fueron:

- La codicia
- La envidia y
- La superstición

5.1.2 *La Codicia*

Satanás logró convencer a Eva de que Dios no quería que ella y Adán comieran del fruto del árbol de la ciencia del bien y el mal, porque si comían de él, estos serían iguales a Dios. Por consiguiente, Eva comenzó a codiciar en su corazón la condición de Dios. Quería ser como Dios.

5.1.3 *La Envidia*

La envidia es la otra emoción negativa que se mezcló con la codicia en el corazón de Eva, porque empezó a envidiar a Dios, a envidiar su condición de ser Dios.

5.1.4 *La Superstición*

La tercera emoción negativa que Eva empezó a experimentar en su corazón y que la siguió contaminando fue la superstición, al creer que comiendo del fruto del árbol de la ciencia del bien y del mal se convertiría a la condición de Dios, que sería igual a Dios.

De manera tal que Eva, poco a poco, tras sus encuentros con la "serpiente", es decir, con Satanás, comenzó a experimentar estas nuevas emociones que empezaron a contaminar su corazón. Ahora bien, una vez con su corazón contaminado y corrompido; por consiguiente, con la merma de una de las más importantes emociones positivas en su corazón: el amor, es decir, su amor a Dios; Eva y con ella Adán, en medio de una gran confusión van a ejercer su libre albedrío y escoger la alternativa de desobedecer a Dios.

5.2 Adán y Eva Pierden la Imagen y Semejanza de Dios

Es muy importante señalar que antes de la caída de Adán y Eva, estos no tenían activados sus cinco sentidos naturales con que tanto cuenta el hombre hoy. La verdad es que no los tenían activados porque hasta entonces, no los necesitaban. Esto por cuanto tenían muy bien activados y desarrollados sus supra-sentidos, o sea, sus sentidos espirituales.

Sin embargo, Dios lo previó todo. Incluso, la posibilidad de que el hombre le desobedeciera y fuera degradado de una condición espiritual a una natural, por lo tanto, creó al hombre con ambos tipos de sentidos, es decir, con sentidos espirituales y sentidos naturales. Sin embargo, aunque al principio sus sentidos naturales estaban desactivados, cuando el hombre [Adán y Eva] pecó, fue degradado de su condición espiritual inicial a su condición natural posterior y, fue entonces que le fueron activados sus sentidos naturales.

La importancia de este cambio de estatus es que los sentidos espirituales son totalmente confiables, no así los sentidos naturales que como se sabe son poco confiables por engañosos y traicioneros.

Por consiguiente, **con la caída de Adán y Eva se dieron simultáneamente dos hechos históricos fundamentales**, a saber:

1. **Por un lado, perdieron la imagen y semejanza de Dios y,**
2. **Por otro lado, se les activaron sus cinco sentidos naturales.**

Perdieron la imagen y semejanza de Dios porque al pecar desobedeciendo a Dios, perdieron su santidad, muriendo espiritualmente porque el Espíritu de Dios se separó inmediatamente de ellos. El Espíritu de Dios salió de sus corazones que para entonces ya estaban contaminados y corrompidos. Como se sabe, Dios no se une al pecado, ni a ninguna naturaleza pecaminosa, la cual constituía la nueva condición de Adán y Eva cuando pecaron. En otras palabras, Dios les retiró su esencia que es incompatible con la corrupción y el pecado.

Con respecto al segundo hecho fundamental e histórico en que se activaron sus sentidos naturales, sucedió porque al separarse el Espíritu de Dios de sus corazones, estos perdieron su condición espiritual, degradándose a la nueva condición de seres naturales alejados de Dios, lo que automáticamente exigía que tuviesen activados sus sentidos naturales para poder *vivir y operar* en su nueva condición.

La Palabra de Dios dice que cuando pecaron, se les "abrieron" los ojos y, que es solamente hasta entonces que *vieron su desnudez*. Esto es revelador por cuanto confirma que sus sentidos naturales fueron activados. Asimismo, la Palabra de Dios dice que tuvieron miedo al oír la voz de Dios.

Veamos la descripción de esos hechos en Génesis 3:7-10:

> *Entonces* ***fueron abiertos los ojos de ambos, y conocieron que estaban desnudos****; entonces cosieron hojas de higuera, y se hicieron delantales.*
>
> *Y* ***oyeron la voz de Jehová Dios*** *que se paseaba en el huerto, al aire del día; y el hombre y su mujer se escondieron de la presencia de Jehová Dios entre los árboles del huerto.*
>
> *Más Jehová Dios llamó al hombre, y le dijo: ¿Dónde estás tú?*
>
> *Y él respondió:* ***Oí tu voz en el huerto, y tuve miedo****, porque estaba desnudo; y me escondí.* (Génesis 3:7-10).

Entonces queda claro que no fue, sino que hasta que Adán y Eva pecaron que se les abrieron sus ojos naturales y vieron por primera vez que estaban desnudos. Asimismo, fue cuando Jehová Dios les habló por primera vez en *voz audible* en el huerto, por primera vez escuchaban por su sentido auditivo natural, el cual, por novedoso, desconocido e insólito, les causó miedo.

Las anteriores son las condiciones en las cuales Adán y Eva van a experimentar por primera vez el espíritu de temor, el cual, es uno de los espíritus más efectivos del mundo de las tinieblas; espíritu que suele producir las reacciones emocionales más negativas en el ser humano.

Por lo tanto, sus corazones fueron contaminándose con las principales emociones negativas que hoy siguen siendo las que contaminan el corazón de los hombres para alejarlos de Dios. Emociones negativas tales como, la codicia, la envidia y la superstición. Además, empezaron a sufrir las consecuencias emocionales del espíritu de temor.

5.3 De Hombre Espiritual Vivo y Perfecto, a Hombre Natural Muerto e Imperfecto

Dios creó al hombre [varón y hembra] como seres espirituales perfectos, los creó colocando su propio Espíritu dentro de ellos. Por consiguiente, tenían la triple condición de ser espíritu, alma y cuerpo. Sin embargo, a partir de la caída de Adán y Eva, estos perdieron su condición espiritual y fueron degradados a la condición de personas naturales, imperfectas [pecadoras] y espiritualmente muertas.

Lo anterior por cuanto, a partir del pecado original de desobediencia de Adán y Eva, el hombre nace sin el Espíritu de Dios en su corazón, o sea, sin la imagen y semejanza de Dios. De allí que después de Adán y Eva hasta nuestros días, el hombre fue degradado de la condición completa de ser espíritu, alma y cuerpo, a una condición incompleta de ser solamente alma y cuerpo.

Es importante aclarar que se suele hablar del espíritu del hombre; sin embargo, como se verá más adelante, ese espíritu es su alma cuya esencia no es material, sino espiritual. Por consiguiente, para el hombre que no tiene el Espíritu de Dios en su corazón, su espíritu es su alma.

En resumen, con la caída de Adán y Eva, como se dijo antes, perdieron sus supra-sentidos o sentidos espirituales y, se activaron sus sentidos naturales, o sea, cayeron de un estado de Vida plena, a un estado de muerte, de pecado.

Por lo tanto, pasaron de una condición de absoluta certidumbre existencial a una condición de total incertidumbre, esto es, a un estado de dependencia de sus sentidos naturales los cuales son poco confiables, por ser engañosos. Por cierto, es precisamente en este mismo estado en que se encuentra el hombre natural actual. Ahora bien, lo relevante de dicho estado natural en que se encuentra al hombre hoy es lo siguiente: que lo que le parece que es, casi siempre no es; lo que cree ver, no existe y, lo que cree sentir, no corresponde a la realidad.

Sí, ese es el mundo en que se desenvuelve el hombre natural, un mundo fantasmagórico, de apariencias, de engaños, de incertidumbre, de pecado y de muerte.

5.4 **Y "Nace la Muerte"**

Aun cuando Adán y Eva tenían cuerpos físicos, eran seres espirituales, inmortales y eternos. Pero luego de su caída, se convirtieron en seres naturales, mortales y temporales gobernados por sus sentidos naturales.

Suena algo extraño hablar del *nacimiento de la muerte*. Sin embargo, es importante señalar que cuando Dios creó a Adán y Eva, la muerte simplemente no existía. La muerte nace justamente con el pecado, es decir, con la desobediencia de Adán y Eva.

Ese pecado original o primario va a perseguir a todos los seres humanos desde la caída de Adán y Eva hasta hoy. Por consiguiente, a partir de ese pecado original que llevó a Adán y Eva a su muerte espiritual, todo ser humano nace muerto, o sea, en pecado, en tinieblas y separado de Dios. Lo anterior, con la única excepción de Jesucristo.

El hombre nace muerto espiritualmente porque en él no hay Vida, la Luz no está en su corazón, es decir, al nacer no está con él ni en él el Espíritu de Dios.

Es por esa condición de muerte espiritual del hombre al nacer, que el poderoso Rey Salomón profetizó sobre la futura condición de los creyentes al declarar en Eclesiastés 7:1 lo siguiente:

> *Mejor es la buena fama que el buen ungüento;* ***y mejor el día de la muerte que el día del nacimiento***. (Eclesiastés 7:1).

Aquí el Rey Salomón comparaba el día del nacimiento en que el hombre nace muerto, es decir, en pecado, en tinieblas y totalmente separado de Dios, con el día de la "muerte", al referirse proféticamente a la muerte a los pecados, condición que se daría a partir del sacrificio de Jesucristo. Sí, se refería a la muerte a los pecados, que es lo que ocurre al hombre cuando su alma se une al Espíritu de Dios quien le da Vida. **De alguna manera Salomón aludía al hecho de que, cuando el creyente**

nace, "muere", y cuando "muere" al pecado, vive. Por eso declaró que es mejor "morir" que "nacer".

Lo anterior, por cuanto, el Espíritu Santo de Dios es Vida, tener al Espíritu es tener Vida. La ausencia del Espíritu es la muerte. En consecuencia, a partir de la caída de Adán y Eva, todo ser humano, salvo Jesucristo, nace muerto.

No es, sino hasta que aceptemos a Jesucristo como nuestro Señor y salvador que nacemos de nuevo, esta vez, nacemos a la Vida porque adquirimos vida espiritual. Por lo tanto, somos transformados de la vieja condición de seres naturales incompletos y muertos, a una nueva condición de seres espirituales, completos y con *Vida Eterna*.

Como se dijo antes, una vez que el hombre nace al Espíritu de Dios, se convierte en su esencia. Porque da un viraje en sentido opuesto, es decir, un viraje de 180° y, pasa de un estado de muerte a un estado de Vida. El Espíritu de Dios se convierte en su esencia principal, porque es dicha esencia la que marca la diferencia entre la vida y la muerte del hombre.

Mientras el hombre no nace del Espíritu de Dios, es un ser incompleto. El hombre completo, entiéndase el creyente, puede ser descrito con las siguientes tres características:

5.4.1 *El hombre como espíritu o su "yo espiritual"*

Ya se dijo que el hombre no nace con la naturaleza espiritual, sino que esta condición la adquiere al convertirse en creyente, aceptando al Señor Jesucristo en su corazón.

Sin embargo, una vez que adquiere dicha naturaleza, esta se convierte en su principal esencia, su *yo espiritual*, porque es la que le da Vida, verdadera Vida, es decir, *Vida Eterna*.

5.4.2 ***El hombre como alma o su "yo alma"***

El alma de cada persona es la que la diferencia de otras personas, es la que la hace una pieza maestra y única de la creación de Dios. Asimismo, es la que le permite ejercer su libre albedrío. El *yo alma,* como se dijo antes, es la parte de la persona que realmente le pertenece, es un don de Dios, es decir, es su regalo al hombre y, es la parte que Dios anhela fervientemente, la que desea que la persona le entregue.

5.4.3 ***El hombre como cuerpo o su "yo físico"***

El "yo físico" corresponde a la parte física del hombre, la parte que se refleja en un espejo, es una especie de tabernáculo en donde moran las otras dos partes del hombre: sus otros *dos yo*, es decir, su *yo espiritual* y su *yo alma*. El *yo físico* del hombre es la parte de menor importancia relativa, es la parte temporal, o sea, la que es polvo, la que pertenece a este mundo y, por eso, vuelve a la tierra una vez que el hombre parte de este mundo.

5.5 **Adán y Eva y sus Supra-Sentidos**

Con el Espíritu de Dios morando en el corazón de Adán y Eva, ambos tenían plenamente desarrollados sus supra-sentidos, o sea, sus sentidos espirituales. Esta condición les permitía funcionar a un nivel superior, a un nivel espiritual y no físico ni natural como hoy funciona el hombre natural. De esta manera Adán y Eva se comunicaban con Dios, se comunicaban entre sí y con la creación, por medio de sus supra-sentidos, es decir, sus sentidos espirituales de su supra-consciente. Veían por medio de visiones, sentían espiritualmente, porque antes de su caída, todos sus sentidos eran espirituales.

Como se dijo antes, no tenían activados los cinco sentidos naturales que conocemos hoy. Por lo que, Adán y Eva *veía*n, *olían, oían, sentían* y *saboreaban* por medio de sus sentidos espirituales de su supra-consciente. Sin embargo, con su desobediencia y su pecado, se les activaron sus sentidos naturales, y con el paso del tiempo, conforme el pecado se fue apoderando más y más del corazón de los hombres, endureciéndolo; se fueron atrofiando sus sentidos espirituales.

Con *la muerte y resurrección de Jesucristo*, se posibilitó un segundo nacimiento del hombre. Un nacimiento a la Vida, un segundo nacimiento que vivifica al hombre permitiéndole recobrar su carácter espiritual; así como, la plenitud de sus supra-sentidos o sentidos espirituales los cuales lo capacitan para percibir acontecimientos en el mundo espiritual. Acontecimientos tales como, ver visiones. Un ejemplo de esto se da en Hechos 11:5-6 en donde Pedro cuenta su visión:

> *Estaba yo en la ciudad de Jope orando, y* ***vi en éxtasis una visión****; algo semejante a un gran lienzo que descendía, que por las cuatro puntas era bajado del cielo y venía hasta mí.*
>
> *Cuando fijé en él los ojos, consideré y vi cuadrúpedos terrestres, y fieras, y reptiles, y aves del cielo.* (Hechos 11:5-6).

Es importante aclarar una vez más que, al comúnmente llamado subconsciente, aquí se le denomina supra-consciente porque sin duda alguna, el llamado subconsciente es un "sentido" muy superior, por tal razón, tiene una mayor jerarquía que el consciente. El supra-consciente tiene poderosas características espirituales y constituye el canal por medio del cual Dios habla al corazón del hombre.

CAPÍTULO 6

LOS CANALES DE TRANSMISIÓN Y RECEPCIÓN DEL SUPRA-CONSCIENTE DEL HOMBRE

El cerebro humano es entre otras cosas una poderosa estación de transmisión y recepción. Tanto la transmisión como la recepción son llevadas a cabo por el supra-consciente humano que, entre sus características, tiene las siguientes:

1. *Transmite por medio de un solo canal y, dicha transmisión la recibe Dios y la pueden recibir los hombres y otros entes espirituales.*
2. *Recibe por medio de dos canales, uno primario o principal que se denomina Canal de Recepción Primario [CRP] y, otro secundario que se denomina Canal de Recepción Secundario [CRS].*

El CRP es el canal por medio del cual el hombre recibe comunicación exclusivamente de Dios, entretanto, el CRS es el canal por medio del cual el recibe comunicación de todos los otros supra-conscientes o cerebros, incluido el del diablo.

Por ejemplo, Dios se comunicaba con Adán y Eva por medio de su CRP y, ellos recibían comunicación uno del otro por medio de su CRS. Pero también recibían comunicación por medio del CRS de otros seres con quienes tenían la capacidad de comunicarse, como los animales que estaban en el huerto del Edén. Esto explica cómo la serpiente [Satanás] pudo comunicarse con Eva.

6.1 Características del Canal de Recepción Secundario

El Canal de Recepción Secundario [CRS], es un canal totalmente abierto, y el hombre solo tiene la capacidad de cerrarlo, bloquearlo, o de recibir selectivamente por medio de él, cuando logra que sus pensamientos y emociones positivas; así como, las intenciones de su voluntad dominen su corazón por medio de su supra-consciente.

En dicha condición, se mantiene totalmente abierto el Canal de Recepción Primario y, con el CRP totalmente abierto, el Espíritu de Dios da al hombre la capacidad de controlar lo que recibe por el Canal de Recepción Secundario.

Dada la relación que existe entre el CRP y el CRS, si el hombre tiene bloqueado el CRP, pierde toda capacidad de controlar lo que recibe por el CRS y, es en este estado en que las personas suelen encontrarse a expensas del diablo y de sus huestes demoníacas, porque bajo dicho estado, han salido de la cobertura de Dios.

En esas circunstancias es cuando muchas personas no solo se deprimen, sino incluso, llegan al extremo de suicidarse porque su instinto de conservación, o sea, su flujo de vida, por encontrarse muy débil, es fácilmente vencido por el deseo demoníaco de no seguir viviendo, de no conservar su vida.

Sin embargo, algunas personas a última hora reaccionan y experimentan un gran deseo de vivir y, esa emoción fuerte de deseo de vivir activa su supra-consciente que con fuerza enciende y desbloquea la recepción del Canal de Recepción Primario; lo que reinicia y revive inmediatamente el flujo de vida que es su instinto de conservación y la persona se salva de su auto aniquilación y con ello de su segura condenación eterna.

Cuando se tiene el Canal de Recepción Primario abierto con el flujo de vida plena, es cuando Dios despliega grandes poderes por medio del hombre. Es cuando se aplica la palabra de Dios por ejemplo en Lucas 10:19:

> *He aquí os doy potestad de hollar serpientes y escorpiones, y sobre toda fuerza del enemigo, y nada os dañará.* (Lucas 10:19).

6.2 El Instinto de Conservación y el Canal de Recepción Primario

El instinto de conservación es una especie de espíritu o halo de vida que Dios estableció en el ser humano. Es como un flujo continuo de vida, es decir, un conducto por el cual fluye vida permanentemente en el hombre. Ese flujo de vida es el que hace que las personas se aferren a su vida natural.

Otra forma de explicar el instinto de conservación es asemejarlo a un cursor que recorre de un extremo a otro de una línea continua o *continuum lineal* en donde en un extremo está la vida y en el otro la muerte.

Si una persona está lejos de Dios y su CRP está parcialmente obstruido, el cursor del instinto de conservación se sitúa sobre el *continuum lineal*, acercándose a la muerte. Pero si la persona es creyente y está arraigado firmemente en Dios, el cursor se mueve hacia el lado de la vida cuya manifestación es muy fuerte.

En el caso del hombre natural e incompleto, o sea, una persona espiritualmente muerta, incrédula o impía; su instinto de conservación se asemeja a la pequeña *llama piloto* de una cocina de gas. Es decir, aunque dicha *llama piloto* esté encendida permanentemente entretanto haya gas en el tanque y la válvula esté abierta, la cocina puede estar apagada o encendida. Por lo tanto, el hombre natural, incompleto es como una cocina de gas apagada y fría; aunque su *llama piloto* esté encendida.

Por el contrario, en el caso de una persona creyente, el hombre espiritual, completo, la válvula se abre y dicha *llama piloto* se transforma en una gran llama, porque la cocina está encendida, hay luz y calor, es decir, hay vida plena.

El CRP se localiza en el supra-consciente del hombre. Asimismo, el CRP se mantiene abierto y funcionando óptimamente cuando la persona vive una vida en obediencia de acuerdo con los estatutos y preceptos de Dios. Pero cuando el supra-consciente del hombre empieza a ser dominado por malos pensamientos que son energizados por emociones negativas, el CRP empieza a obstruirse, a "enfermarse" y, el flujo de vida, el instinto de conservación, o sea, la *llama piloto*, empieza a debilitarse y tiende a apagarse. Asimismo, el Canal de Recepción Secundario empieza a tener primacía sobre el CRP.

Como Dios se comunica con el hombre por medio del CRP, y los otros entes, particularmente el diablo se comunica con él por medio del CRS. El diablo suele aprovechar la debilidad del instinto de conservación del hombre para aumentar su comunicación con su supra-consciente, enviándole malos pensamientos y emociones negativas, e incluso, pensamientos destructivos. Su intención es tomar posesión de su supra-consciente; consecuentemente, del alma del hombre.

En las condiciones antes descritas y con el instinto de conservación debilitado, la persona puede sumirse en un estado de tristeza y depresión. Estado en que incluso, bajo ciertas circunstancias puede llevarla al suicidio. Dicha condición suele darse cuando su flujo de vida o instinto de conservación es bloqueado, o sea, la *llama piloto* se apaga, dejando a la persona bajo el poder de los malos pensamientos y emociones negativas inducidos por el diablo, quien trata de convencerla de que la vida no vale la pena y que es mejor morir.

6.3 **La Depresión**

Todas las personas que están lejos de Dios, sabiendo que Él existe, sean ricos o pobres; poderosas o débiles, es decir, sean de la condición que sea; si están apartadas de Dios, entonces suelen padecer de algún grado de tristeza o depresión a causa de una merma significativa en su instinto de conservación.

Existen pueblos y culturas enteras que sufren de cierto grado de depresión colectiva. Son aquellos pueblos cuyos ciudadanos no solo insisten deliberadamente en negar a Dios, sino que, en algunos casos, hasta a enfrentarse a Él. Aquí no se refiere a los pueblos que por ignorancia no lo conocen. Porque en estos casos, Dios tiende a cuidar su flujo de vida, o sea, su *llama piloto*, procurando que les llegue el turno para conocerlo y que ejerzan su libre albedrío para aceptarlo y nacer a la Vida o rechazarlo y seguir espiritualmente muertos.

Lo anterior explica en mucho por qué para algunas culturas, el suicidio es prácticamente normal, dado que el Canal de Recepción Primario [CRP] de su ciudadano promedio se encuentra significativamente bloqueado, "enfermo" y, el flujo de vida o instinto de conservación es débil, es decir, la *llama piloto* se encuentra apagada o está por apagarse y, dicho estado produce un desapego a la vida, haciendo que a la persona le resulte intrascendente perderla.

Dios procura mantener abierto el CRP de las personas; pero por libre albedrío o voluntad propia muchas de ellas suelen bloquear o apagar la recepción para no recibir dicha transmisión. Es como cuando alguien trata de apagar o ahogar su conciencia. En general cada persona tiene el control del botón de encendido y apagado; así como, del nivel de la intensidad de su CRP. Sin embargo, la efectividad de dicho botón de control está íntimamente ligado con la prioridad o el lugar que ocupa el Señor Dios Todopoderoso en la vida de cada persona.

Cuando en el uso de su libre albedrío una persona opta por rechazar a Dios, apartarse de Él; consecuentemente salirse de su protección, se suele bloquear su CRP, quedando abierto solamente el CRS. De esta manera, el diablo suele aprovecharse de la situación para instalar una base de operación en el supra-consciente de la persona, o sea, en su corazón. Es en esta condición en que la persona, incluso, puede llegar a ser poseído por el demonio y sus huestes demoníacas.

CAPÍTULO 7

El Libre Albedrío, el Alma y el Corazón del Hombre

Libre albedrío es la capacidad de una persona de controlar sus pensamientos, sus emociones y su voluntad, es decir, es la capacidad de controlar su alma. Realmente es la libertad que el Señor dio al hombre de entregar su alma a Dios o de dejar que esta sea conquistada por el mal y se pierda. Asimismo, se trata de la libertad que tienen las personas para decidir si quieren ser esclavas del pecado, una condición que eventualmente los llevará a la muerte definitiva, o si quieren ser libres para siempre, libertad que las llevará a la *Vida Eterna*. Es por eso que Satanás está librando una batalla permanente para conquistar la mente, las emociones y la voluntad del hombre, o sea, para conquistar su alma.

Lo anterior explica por qué es imprescindible que toda persona desarrolle la capacidad y el hábito de controlar sus pensamientos, o sea, su mente; de controlar sus deseos, es decir, sus emociones y, de controlar sus intenciones, en este caso, su voluntad.

Todo ser humano debe realizar un esfuerzo por aprender a controlar su mente para así, controlar lo que piensa. Asimismo, para aprender a desechar todo pensamiento indeseable y a escoger lo que piensa. Dicho de otra manera, debe desarrollar la capacidad de bloquear los malos pensamientos y a ordenar a su corazón lo que debe pensar. No hay que olvidar que Dios dio al hombre total autoridad sobre su alma: sus pensamientos, emociones y voluntad.

Hay tres distintas voces que suelen susurrar al hombre en su interior, por lo que es fundamental que este haga un esfuerzo por distinguir cada una de ellas. Dichas voces son las siguientes:

1. *La voz de Dios por medio del Espíritu Santo*
2. *La voz interior de su propio pensamiento y,*
3. *La voz del diablo que le quiere sorprender.*

Como se dijo anteriormente, es preciso que aprendamos a distinguir claramente cada una de estas tres voces que suelen susurrarnos en nuestro interior. Esa distinción es vital para que podamos diferenciar la actitud que debemos asumir ante cada una de ellas.

> En el caso de su voz interior propia, cada persona y en especial el creyente debe, aprender a controlar y a ejercer mayordomía sobre ella. Controlar su voz interior es fundamental, por cuanto esta deberá ser su verdadera vocera. De modo que, su voz interior solo debe pensar y declarar las cosas que la persona desea y le ordena que declare.

Sin embargo, muy frecuentemente nuestra voz interior suele pensar y declarar cosas que no deseamos que piense y que no le hemos ordenado que declare.

Para que aprendamos a controlar nuestra propia voz interior, es preciso que desarrollemos fe en Dios y que nos apoyemos en ella. Porque al apoyarnos en nuestra fe en Dios, Él nos ayudará a controlar nuestros pensamientos, a ahuyentar los pensamientos indeseables y eventualmente a controlar nuestra mente que como sabemos, es una de las tres esencias del alma que es la única posesión del hombre.

Una vez que aprendamos a controlar nuestro propio susurro interior, de paso podremos bloquear y eliminar las voces extrañas como la del diablo que suele susurrarnos.

En el mundo se suele afirmar que el hombre es lo que come y, es posible que dicha afirmación sea cierta en cuanto su *yo físico;* pero con respecto a su propio *yo*, o sea, su *yo alma*, el hombre no es lo que come, sino más bien, es lo que piensa. Lo anterior, por supuesto, se refiere al hombre natural. Por lo tanto, al fin y al cabo, el hombre natural es lo que es por lo que piensa; consecuentemente, sus pensamientos son los únicos responsables de lo que él llega a ser.

En el caso del Canal de Recepción Primario [CRP], son los tipos de pensamientos dominantes del hombre [su mente], los tipos de sentimientos o deseos [sus emociones] y las intenciones de su corazón [su voluntad], las que determinan el estado del mismo, es decir, determinan si el CRP se mantiene abierto, parcialmente cerrado o totalmente bloqueado a la comunicación de Dios.

Finalmente, es importante aclarar que las afirmaciones anteriores que señalan que el hombre es lo que piensa, se refieren única y exclusivamente al hombre natural, o sea, al hombre muerto espiritualmente que no tiene el Espíritu de Dios morando con él en su corazón. Porque una vez que acepta a Jesús como su Señor y salvador, nace del Espíritu de Dios; consecuentemente, se convierte a la esencia de Dios.

De esta manera, el hombre deja todas las condiciones anteriores y se hace al Espíritu de Dios, que es la condición que determinará su ser sobre todas las demás. Juan 3:6 lo afirma de la siguiente manera:

> *Lo que es nacido de la carne, carne es; y* ***lo que es nacido del Espíritu, espíritu es.*** (Juan 3:6).

7.1 La Localización del Corazón del Hombre

Cuando se habla del corazón del hombre, casi siempre se piensa en ese asombroso órgano físico que está ubicado dentro de la parte izquierda de su tórax y, efectivamente, ese muy apreciado órgano físico y natural se encuentra allí.

Sin embargo, ese no es el corazón espiritual del que tanto habla el Señor y, que anhela fervientemente que el hombre le entregue. Porque ese no es el "lugar" tan apreciado por Dios en donde su Santo Espíritu hace morada con cada uno de los creyentes.

Muchos expertos y conocedores de la Palabra de Dios señalan que el corazón espiritual del hombre está ubicado más o menos en la parte inferior izquierda del abdomen. Sin embargo, el corazón espiritual del hombre se encuentra dentro de su cabeza. Sí, efectivamente, dentro de la cabeza del hombre.

Mateo 15:19 y Marcos 2:6-8 señalan cómo los pensamientos salen del corazón:

> *Porque* ***del corazón salen los malos pensamientos****, los homicidios, los adulterios, las fornicaciones, los hurtos, los falsos testimonios, las blasfemias.* (Mateo 15:19).

> *Estaban allí sentados algunos de los escribas,* ***los cuales cavilaban en sus corazones****: ¿Por qué habla éste así? Blasfemias dice. ¿Quién puede perdonar pecados, sino solo Dios? Y conociendo luego Jesús en su espíritu que cavilaban de esta manera dentro de sí mismos, les dijo:* ***¿Por qué caviláis así en vuestros corazones****?* (Marcos 2:6-8).

En otro orden de cosas, sin duda alguna la mente del hombre está en su cerebro, es decir, está ubicada en su cabeza y, que, mente, emociones y voluntad, son los componentes del alma humana. Asimismo, antes se estableció que cuando el Espíritu de Dios viene a morar en y con el hombre en su corazón, se une a su alma en una relación de co-inherencia, es decir, su alma mora en el Espíritu de Dios y el Espíritu de Dios, a su vez, mora en el alma del hombre, en una unión indivisible e indisoluble. En esa unión el alma del hombre es convertida a la esencia de Dios por medio de su Espíritu Santo.

Asimismo, se vio que los tres componentes del alma: mente, emociones y voluntad, están en co-inherencia o cohabitación entre ellas, lo que significa que están unidas indisolublemente entre ellas. Por lo tanto, en la mente están sus emociones, su voluntad y, por ende, su alma; consecuentemente, el alma que es su verdadero yo, está ubicada "físicamente" dentro de la cabeza del hombre.

Por otro lado, habiendo ya establecido que el alma está dentro del corazón del hombre, luego, se concluye que su corazón espiritual está ubicado dentro de la cabeza del hombre.

Pero también la Biblia señala que cuando Moisés bajó del Monte Sinaí después de haber estado en la presencia de Jehová, su rostro brillaba tanto que tuvo que cubrir su cabeza con un velo para estar en la presencia del pueblo de Israel. Era su cabeza, específicamente su rostro el que brillaba intensamente. Porque su larga y extendida presencia ante Dios, cuarenta días y cuarenta noches provocó que la gloria de Dios invadiera su corazón y su alma: mente, emociones y voluntad. Durante ese largo tiempo junto al Señor, el corazón de Moisés entró en comunión con el corazón de Dios y, de esta manera, el brillo de su rostro no era ni más ni menos que el reflejo físico de la gloria de Dios en el corazón de Moisés, como resultado de la comunión en que estuvieron ambos corazones.

La continua presencia de Moisés ante el Señor, impregnó su corazón con la gloria de Dios, y dado que el Espíritu Santo de Dios no estaba en el corazón de Moisés, sino sobre él, la intensa brillantez de la Luz de Dios se enfocó en su corazón, dejando la intensidad de su Luz en el rostro de Moisés.

Es importante señalar que hoy, cuando el creyente entra en la presencia de Dios y pasa tiempo con Él, su corazón entra en comunión con el corazón de Dios. Sin embargo, él no tiene que desplazarse a una montaña como lo hizo Moisés para ir al encuentro de Dios, porque en este caso, el Espíritu Santo de Dios se encuentra morando con y en él dentro de su corazón. Por lo tanto, lo único que tiene que hacer es invocar el Santo Nombre de Dios, entrar en comunión con Él y llenarse de su Santo Espíritu.

Ahora bien, entre más tiempo pasa el creyente en la presencia de Dios, más profunda es la comunión entre sus corazones.

Contrario a lo que sucedió con Moisés cuyo corazón entró en comunión con el corazón de Dios por medio de su Espíritu Santo que se encontraba fuera de él, iluminando e irradiándolo desde afuera. En el caso del creyente de hoy, en cuyo corazón mora el Espíritu Santo, al entrar en comunión con Dios, esa relación se da desde adentro.

De esta manera, el rostro del creyente lucirá apacible,

hermoso, "angelical" y sí, con cierto brillo y resplandor de luz; pero no con la misma intensidad que lució el rostro de Moisés quien estuvo expuesto por mucho tiempo a la Luz de Dios que irradiaba su rostro desde afuera. Una buena distinción entre ambas situaciones es que la luz del rostro de Moisés era una luz reflejada de Dios, mientras la luz del creyente de hoy no es reflejada, sino que esta sale de él, porque la Luz está en él, es decir, el Espíritu Santo de Dios está en el creyente.

7.2 **Principales Características del Corazón del Hombre**

Es evidente que el corazón del hombre es el epicentro de su vida espiritual, porque es el "lugar" en donde Dios suele morar con él. Asimismo, El supra-consciente está ubicado justamente dentro del corazón del hombre y, es ahí en donde se llevan a cabo sus pensamientos. Proverbios 6:18 señala entre las seis cosas que aborrece el Señor y las siete que aborrece su alma:

> ***El corazón que maquina pensamientos inicuos****, Los pies presurosos para correr al mal,...* (Proverbios 6:18).

En el corazón del hombre está también su alma. Su boca espiritual está ubicada en su corazón. En realidad, es por medio de su alma que salen los pensamientos que él expresa. La boca física es solamente el órgano que suele expresar los pensamientos del hombre en el mundo natural para que estos puedan ser percibidos por el sentido del oído natural de las personas.

El corazón del hombre es además, el depósito o almacén de todos sus pensamientos, emociones y de las expresiones de su voluntad de toda su vida, porque todos están almacenados allí. Es con el corazón que el hombre escucha espiritualmente, es en el corazón en donde se encuentran sus supra-sentidos, es decir, sus sentidos espirituales. En resumen, es en el corazón en donde se da la vida. Proverbios 4:23 lo señala claramente así:

> *Sobre toda cosa guardada, guarda tu corazón;* ***Porque de él mana la vida.*** (Proverbios 4:23).

Es por todo lo anterior que debemos custodiar celosamente nuestro corazón, porque en el fondo y en esencia, lo que hay en nuestro corazón es lo que nos define como seres humanos.

7.2.1 *El corazón es un poderoso procesador con un gran "disco duro"*

Como se dijo, el corazón del hombre es adonde se llevan a cabo todos sus pensamientos. Asimismo, es el depósito y almacén de todos sus pensamientos, emociones y expresiones de su voluntad. Además, tiene entre otras funciones, la de un poderoso procesador, similar al de un ordenador o computadora con "disco duro" incorporado.

Sin embargo, el hombre por sí mismo no tiene la

capacidad de limpiar su corazón, ni de buenos ni de malos pensamientos, como suele limpiar el disco duro de un ordenador. Solo Dios puede limpiar el corazón del hombre y, dicha limpieza se puede dar únicamente cuando el Espíritu Santo de Dios entra a morar con él en su corazón. Proverbios 20:9 señala claramente la imposibilidad del hombre de limpiar su propio corazón. Veamos:

> *¿Quién podrá decir: Yo he limpiado mi corazón, limpio estoy de mi pecado?* (Proverbios 20:9).

En otras palabras, si Dios no limpia el corazón del hombre; entonces, todos sus pensamientos, emociones e intenciones de su voluntad de su vida entera, tanto los buenos como los malos, se mantienen almacenados en su corazón. En este caso, es como un disco duro que solo Dios puede formatear. Pero a diferencia del formateo de un disco duro de un ordenador en que se borra absolutamente toda su información, el formateo que hace Dios al corazón del hombre es selectivo, pues ese proceso solo elimina la maldad, los malos pensamientos y las emociones negativas que contaminan el corazón del hombre. Cuando Dios formatea el corazón humano, mantiene intacto todo lo que a Él le agrada.

7.2.2 ***El corazón y su infraestructura infinita***

Como se dijo antes, cuando Dios creo al hombre, acondicionó su corazón y creó en él la *Infraestructura*

Infinita necesaria para que el Espíritu de Dios pudiera morar con y en él. En realidad, lo que Dios hizo fue preparar al ser humano como potencial templo de Dios. Así pues, creó en su corazón un trono desde donde el Señor gobernaría con él su vida.

Sin embargo, depende exclusivamente de la persona el que llegue a ser o no, templo del Dios, o sea, es el resultado de su propia decisión, del ejercicio de su libre albedrío.

Es importante recordar que cuando el hombre (Adán y Eva) pecó y el Espíritu de Dios se retiró de su corazón, Dios dejó allí dicha *infraestructura infinita*, es decir, dejó su trono, el trono de Dios en su corazón.

Por lo tanto, toda persona sin excepción, tiene dentro de su corazón una *Infraestructura Infinita*, una especie de *Estación de Acoplamiento* que reúne las condiciones divinas e infinitas necesarias para alojar al Santo Espíritu de Dios. Lo anterior para que, bajo ciertas condiciones espirituales, Dios pueda volver a morar con el hombre. Dicho de otra manera: Dios al retirarse del corazón del hombre, dejó un trono vacío en dicha *Infraestructura Infinita* o *Estación de Acoplamiento*, y ese trono vacío solo Dios lo puede volver a llenar.

La *Infraestructura Infinita* es entonces, lo que posibilita al Espíritu de Dios entrar a morar con el hombre, y también, es lo que facilita su comunicación con el hombre por medio del Canal de Recepción Primario, antes mencionado.

En resumen, cuando Adán y Eva pecaron, estos murieron porque el Espíritu de Dios se *desacopló* de la *Estación de Acoplamiento,* retirándose de sus corazones, es decir, les retiró la imagen y semejanza de Dios, por lo que estos quedaron separados de Dios. Pero el Señor les dejó dicha *Estación de Acoplamiento*, o sea, la *Infraestructura Infinita* que Dios había instalado en ellos cuando los creó. En otras palabras, aunque Dios les retiró su Santo Espíritu, les dejó su *trono vacío*, es decir, les dejó el trono de Dios en su corazón.

Lo anterior se explica porque Dios nunca renunció al hombre, sino lo mantuvo como parte fundamental de su plan para el cumplimiento de su propósito: formar su familia y darse una descendencia. Él sabía que, al no renunciar al hombre, esa *Infraestructura Infinita*, *Estación de Acoplamiento* o *trono vacío* sería fundamental para la ejecución de la segunda fase del plan. Segunda fase en que pondría a su propio Hijo, Jesucristo, como mediador entre Dios y los hombres, a fin de que el Espíritu de Dios volviera de nuevo a morar con el hombre, lo cual solo sería posible si su corazón tuviera las condiciones necesarias, o sea, la *Estación de Acoplamiento o trono de Dios* que posibilite que el mismísimo Eterno vuelva a morar y a reinar en el corazón humano, convirtiendo al hombre una vez más, a la imagen, conforme a la semejanza de Dios.

7.3 **Dios y el "Principio del Holograma"**

El creyente sabe y acepta por dogma de fe, que hay un solo Dios quien es omnipresente, por lo tanto, está presente íntegra y simultáneamente dentro de las tres personas de la Santísima Trinidad: Padre, Hijo y Espíritu Santo. Asimismo, el creyente acepta como hecho cierto, que ese mismo único

Dios, por medio de su Espíritu Santo, también mora íntegra y simultáneamente en el corazón de todos y cada uno de los creyentes que son muchos. Lo anterior ha sido, sin duda alguna, un misterio escondido que ha despertado la curiosidad de la mayoría de los creyentes, quienes por fe han aceptado ese hecho como dogma, convencidos de que no hay nada imposible para Dios.

Pues bien, una explicación que nos revela el misterio de Dios en cuanto a su dispensación tanto en las tres personas de la Santísima Trinidad, como en el corazón de millones de creyentes pasados, presentes y futuros, es que Dios mediante el *Principio del holograma* se distribuye depositándose en el corazón de cada uno de ellos simultáneamente sin perder su integridad.

Pero, para entender la magnitud de esta maravilla, es preciso saber ¿qué es un holograma? Así como, conocer sus principales características.

7.3.1 ***¿Qué es un holograma?***

Un holograma es una fotografía tridimensional hecha a un objeto con la ayuda de rayos láser. Para hacer un holograma, se proyecta la luz de un láser sobre el objeto a fotografiar. Luego se proyecta un segundo rayo láser sobre la luz reflejada del primero y, del patrón de la interferencia resultante, el área de intersección de ambos es capturada en una película.

Cuando se revela dicha película, da la apariencia de una espiral insignificante de luz con líneas oscuras. Sin embargo, al hacer incidir sobre la película revelada otro rayo láser, aparece una imagen tridimensional del objeto original. Pero lo excepcional de este proceso no solo es la imagen tridimensional que aparece, sino más bien, el siguiente fenómeno: que cuando el holograma de cualquier objeto, por ejemplo, el de una flor, es dividido en dos mitades, al iluminar cualquiera de las partes con un rayo láser, cada mitad contiene la imagen completa de dicho objeto.

Por otro lado, si las mitades se dividen nuevamente, cada retazo de la película contendrá una versión más pequeña; pero íntegra, intacta y completa de la imagen del objeto original, en este caso de la flor. A diferencia de las fotografías convencionales, cada pedazo de un holograma contiene toda la información del todo.

Esta característica del *todo en las partes* de un holograma, rompe viejos paradigmas y nos presenta una manera totalmente diferente de entender la organización y el orden de las cosas.

Lo interesante de todo esto es que históricamente, la ciencia y la cultura occidental han sostenido la tesis de que el análisis de las partes, es la mejor manera de entender cualquier fenómeno físico.

Un holograma nos enseña que algunos fenómenos en el universo no se prestan para aplicar dicha tesis, porque si tratamos de separar algo que ha sido construido holográficamente, no lograremos su separación en partes para dicho análisis. Porque al dividirlo, lo único que conseguiremos es una versión más pequeña de ese mismo algo.

Por consiguiente, el *Principio del holograma* es el fundamento mediante el cual un holograma es partido y cada una de sus partes contiene la totalidad del todo, es decir, que *el todo está en las partes.*

7.3.2 *Aplicación del "Principio del holograma"*

De esta manera, cuando Dios creó a Adán a su imagen y conforme a su semejanza, lo que Él hizo en realidad fue *depositar* su Espíritu Santo en el corazón de Adán. En otras palabras, se partió a sí mismo en su condición de una especie de *Súper-holograma* y depositó ese pedazo de sí mismo, el *pedazo del holograma de Dios* en el corazón de Adán y, por el mismo *Principio de holograma*, el Espíritu de Dios moraba plena e íntegramente dentro del corazón de Adán.

De igual manera, es por el *Principio del holograma*, que Dios se encuentra simultáneamente presente en toda su plenitud, en sus tres personas: Padre, Hijo y Espíritu Santo, quienes son cada uno como un *pedazo del súper-holograma de Dios*, dado que cada una de las tres personas mantienen en forma plena e íntegra la condición divina de Dios.

Además, es por el mismo *Principio del holograma* que Dios por medio de su Espíritu Santo, se dispensa o deposita en cada creyente, por lo tanto, mora íntegra y simultáneamente en el corazón de todos y cada uno de sus hijos e hijas.

Esto es muy importante, porque permite al Señor ser un Dios muy personal y muy especial en la vida de cada creyente.

Así pues, Dios creó al hombre, es decir, a Adán y a Eva, según el *Principio del holograma*, los creó a su imagen y conforme a su semejanza. En Génesis 1:27 se consigna ese hecho de la siguiente manera:

> *Y* ***creó Dios al hombre a su imagen, a la imagen de Dios lo creó****; varón y hembra los creó.* (Génesis 1:27).

Hay quienes, pensando en lo natural creen que esa imagen es física, cuando en realidad Dios no tiene imagen física. Se trata de la imagen espiritual de Dios, de su esencia espiritual.

Al crear Dios a Adán y Eva, los bendijo y les ordenó que fructificasen, se multiplicasen y, llenaran la tierra. Su voluntad era que se llenara la tierra de sus hijos, todos hechos a la imagen y conforme a la semejanza de Dios. El plan de Dios era multiplicarse Él mismo en los hombres, según el *Principio del holograma.*

Pero, como Dios puso gran parte del éxito de su plan en manos del hombre, dándole libre albedrío, la caída de Adán y Eva hizo que Dios recurriera a la segunda fase de su plan. Esto pues, al caer el hombre en desobediencia, dejó de ser de la imagen y semejanza de Dios porque perdió el Espíritu de Dios.

La imagen de Dios es como un *pedazo del holograma de Dios* insertado en el corazón de Adán y Eva. Dios los creó con Él mismo morando en ellos por medio de su Santo Espíritu, aplicando el *Principio del holograma.*

La voluntad de Dios, era que Adán y Eva y toda su descendencia vivieran para siempre. Por eso les instruyó muy claramente sobre lo que les era permitido y lo que les era vedado en el huerto del Edén. Génesis 2:16-17 lo señala así:

> *Y mandó Jehová Dios al hombre, diciendo:* ***De todo árbol del huerto podrás comer; mas del árbol de la ciencia del bien y del mal no comerás****; porque el día que de él comieres, ciertamente morirás.* (Génesis 2:16-17).

De tal manera, fue la desobediencia de Adán y Eva la que produjo su caída; por consiguiente, instituyó la muerte entre los hombres.

Por otro lado, vale la ocasión para señalar para aclarar que cuando Dios creó a Eva a partir de una "costilla de Adán", lo que en realidad hizo fue partir y separar un *pedazo del holograma de Dios*, que estaba en Adán [o sea, su Espíritu Santo] para soplar vida en Eva. Esto para que Eva también fuera de la imagen y conforme a la semejanza de Dios, toda vez que el Señor le insertó su Espíritu Santo, es decir, el *pedazo del holograma de Dios* en su corazón. De esta manera, la plenitud de Dios moraba con ambos en sus corazones. Por lo tanto, antes de su desobediencia y su consecuente caída, ambos tenían la plena esencia divina porque el Espíritu Santo de Dios moraba en sus corazones.

7.4 La Corrupción del Corazón del Hombre

Después de la caída de Adán y Eva, el hombre [varón y hembra], seguía viviendo por cientos de años. Esto por cuanto "recién" producida su caída, el hombre mantenía aún una "cercanía relativa" a su condición espiritual original con respecto a su nueva condición física. Era como una especie de remanencia o residuo de la vida espiritual que el hombre vivió antes de su caída. Asimismo, todavía tenía abierto el Canal de Recepción Primario de su supra-consciente, lo que mantenía su flujo de vida o instinto de conservación bastante fuerte. En términos relativos, se puede decir que seguían siendo seres relativamente más espirituales que físicos, es decir, "la plenitud del mal" aún no se había enseñoreado totalmente del corazón del hombre. Sin embargo, conforme fueron pasando los años, los lustros y los siglos, sus sentidos naturales fueron afirmándose y el ser humano se volvió más y más natural y menos espiritual; consecuentemente, la intensidad del Canal de Recepción Primario fue disminuyendo y, con él, el instinto de conservación del hombre.

Así pues, aunque Dios creó al hombre (Adán y Eva) recto y perfecto, estos se desviaron del camino. El Rey Salomón lo afirma así, en Eclesiastés 7:29:

> *He aquí, solamente esto he hallado: que **Dios hizo al hombre recto, pero ellos buscaron muchas perversiones.*** (Eclesiastés 7:29).

De esta manera, la maldad fue corrompiendo el corazón del hombre y apartándolo de Dios. Aumentó su maldad conforme se multiplicaba. Génesis 6:5, lo describe de la siguiente manera:

> *Y vio Jehová que* ***la maldad de los hombres era mucha en la tierra****, y que todo designio de los pensamientos del corazón de ellos era de continuo solamente el mal.* (Génesis 6:5).

Por todo lo anterior, el ser humano fue alejándose más y más de su Creador, por lo tanto, pasó de la condición de ser eterno, que era la condición inicial de Adán y Eva, a un nuevo estado en que vivían muchos cientos de años. Sin embargo, su esperanza de vida fue descendiendo hasta llegar finalmente a su condición actual, en que la vida media del hombre ronda los setenta años en que la fijó el Señor.

De esta manera, cuando el hombre se apartó de Dios, su corazón se corrompió, perdió su rectitud y perfección y fue consumido en toda clase de maldad.

En resumen, con el pasar del tiempo, el pecado fue atrofiando los sentidos espirituales del hombre y potenciando sus sentidos naturales. Esto trajo como consecuencia, que el hombre se olvidara y abandonara a su Creador para adorar en su lugar a la creación. Lo anterior se describe muy claramente en 2ª Reyes 17:16:

> *Dejaron todos los mandamientos de Jehová su Dios, y se hicieron imágenes fundidas de*

dos becerros, y también imágenes de Asera,
y ***adoraron a todo el ejército de los cielos****, y*
sirvieron a Baal; (2ª Reyes 17:16).

7.4.1 *El hombre natural no es imagen y semejanza de Dios*

No es correcta la creencia generalizada de que el hombre nace a imagen y semejanza de Dios. Lo que sí es cierto, es que el hombre fue creado a la imagen y semejanza de Dios, lo cual no es lo mismo. Dios ciertamente creó al hombre a su imagen y conforme a su semejanza. Sin embargo, como se dijo antes, después de la caída de Adán y Eva, el ser humano perdió la imagen y semejanza de Dios, como consecuencia, dejó de ser espiritual.

Una vez que el hombre es desprovisto de la imagen y semejanza de Dios, a partir de allí, toda persona va a nacer natural, va a nacer muerta espiritualmente y, por esa razón, no nace a la imagen y semejanza de Dios. Dicho de otra manera, el hombre nace sin el Espíritu Santo de Dios morando en su corazón, es decir, sin el *pedazo del holograma de Dios.* Recordemos que la imagen y semejanza de Dios la da el Espíritu de Dios morando con el hombre en su corazón.

Por todo lo anterior, el futuro del hombre al nacer va a estar marcado o condicionado por dos caminos u opciones mutuamente excluyentes, a saber:

- *Un camino que lo lleva a ser espíritu, una condición que alcanza solamente cuando el Espíritu de Dios mora con él en su corazón. Más concretamente, cuando el Espíritu Santo empieza a cohabitar o morar con el alma del hombre para transformarla a la esencia de Dios.*

- *O un camino en que el hombre seguirá siendo polvo, seguirá siendo un ser natural como parte del universo, porque su alma estará sumida en la oscuridad, por lo tanto, estará muerto espiritualmente.*

Mientras el alma humana no es transformada por el Espíritu de Dios, esta se mantiene en tinieblas, es decir, espiritualmente muerta; consecuentemente, el hombre permanece en su estado natural. Estado en el cual, es solamente polvo. Véase lo que declara el Rey David en Salmos 103:14 refiriéndose al Señor:

> *Porque él conoce nuestra condición;* ***se acuerda de que somos polvo.*** (Salmos 103:14).

En consecuencia, en su condición de muerto, de muerto espiritual, el hombre está muy lejos de ser imagen y semejanza de Dios.

Otra evidencia de que el ser humano dejó de ser imagen y semejanza de Dios durante todo el período que va desde la caída de Adán y Eva hasta antes de la "muerte" y resurrección de Jesucristo, es la siguiente declaración que hace el mismo Rey David en Salmos 17:15:

> *En cuanto a mí, veré tu rostro en justicia;* ***Estaré satisfecho cuando despierte a tu semejanza.*** (Salmos 17:15).

En otras palabras, ni el mismísimo Rey David, ese gran siervo de Dios tenía la imagen y semejanza de Dios. Más bien, a partir de la caída de Adán y Eva, el ser humano se convirtió en advenedizo para Dios, es decir, era como un extraño, un forastero ante Él. Sin embargo, con la "muerte" y resurrección de Jesucristo, el Señor dio al hombre la oportunidad de dejar de ser forastero y extraño ante Él para que se convierta nuevamente en su hijo, es decir, que forme parte de su sagrada familia.

Incluso, el gran Rey David estaba consciente de su condición de forastero y advenedizo frente Dios y, de que era ajeno a la vida espiritual, porque no tenía *Vida Eterna*. Veamos lo que al respecto él mismo declara en 1ª Crónicas 29:15 y en Salmos 39:12:

> *Porque* ***nosotros, extranjeros y advenedizos somos delante de ti, como todos nuestros padres****; y nuestros días sobre la tierra, cual sombra que no dura.* (1ª Crónicas 29:15).

> *Oye mi oración, oh Jehová, y escucha mi clamor. No calles ante mis lágrimas;* ***porque forastero soy para ti, y advenedizo, como todos mis padres****.* (Salmos 39:12).

Ahora bien, lo que corrientemente se suele llamar vida, es decir, lo que suele hacer que el hombre respire y, en general, tenga funciones biológicas; es el hálito o aliento de vida, que es lo que le permite "vivir" en este mundo. Asimismo, hálito de vida es lo que tienen todas las criaturas de Dios; incluso los animales y las plantas. Salmos 104:29 tipifica la situación del hombre frente a Dios de la siguiente manera:

> *Escondes tu rostro, se turban;* ***les quitas el hálito**,. dejan de ser, y vuelven al polvo.* (Salmos 104:29).

Lo que es muy importante señalar y subrayar es que el hombre tiene la capacidad de hacerse de nuevo a la imagen y conforme a la semejanza de Dios. Esto se logra confesando a Jesucristo como su Señor y salvador e invitándolo a morar con Él en su corazón. Es esta entrega la que permite al Espíritu Santo de Dios entrar al corazón del hombre y, de esta manera, él adquiere el *pedazo del holograma de Dios* y, su alma en convivencia con el Espíritu de Dios, o sea, con el *pedazo del holograma de Dios*, hace que el hombre nazca a la Vida, adquiriendo nuevamente la imagen y semejanza de Dios.

Así pues, cuando el hombre natural, en el uso de su libre albedrío, acepta al Señor Jesucristo como su Señor y salvador, inmediatamente la Luz o fuego sale del Reino de Dios y enciende su corazón, depositando el Espíritu Santo en él, es decir, el *pedazo del holograma de Dios*. De esta manera, Dios rescata al hombre de la muerte, vivificándolo y dándole Vida, y es a partir de ese momento que el Espíritu Santo empieza a morar con el hombre en su corazón.

Ahora bien, una vez que el Espíritu Santo entra al corazón del hombre, nace de nuevo con dos naturalezas, a saber:

1. *La naturaleza de Dios, su Padre y,*
2. *La naturaleza de la Esposa del Cordero, su madre.*

Nace una nueva criatura cuyo padre es el Dios Todopoderoso y cuya madre es la Esposa del Cordero, o sea, la Iglesia.

Por cierto, ambas naturalezas o esencias son espirituales. Recuérdese que Dios creó al hombre con una esencia espiritual diferente a la suya. Dicha esencia es el alma del hombre. **Por consiguiente, la Esposa del Cordero que es la suma e integración de todas las almas redimidas, transformadas y vivificadas de todos los creyentes; se constituye en una especie de súper-alma, siendo; asimismo, la Iglesia, la madre de todos los creyentes, o sea, la madre de los hijos de Dios**. Y así, se completa el concepto perfecto de la familia de Dios: el Padre, la madre y los hijos que son el producto de la esencia espiritual de ambos.

De la misma manera que la descendencia del hombre natural es el producto de la esencia carnal o física de su padre y de su madre, la descendencia de Dios, es decir, sus hijos, son el producto de la esencia espiritual del Padre [en este caso de Dios Padre] y, de su madre [en este caso de la Esposa del Cordero], o sea, la Iglesia.

Luego, cuando el creyente parte de este mundo, el *pedazo del holograma de Dios*, es decir, el Espíritu Santo regresa a Dios, llevando consigo el alma del creyente. El Espíritu de Dios se convierte en una especie de acompañante del alma del creyente. Ahora bien, esta unión entre el Espíritu de Dios y el alma del hombre constituye una unidad indisoluble que es el hijo de Dios. Asimismo, esa alma redimida, transformada y vivificada, se constituye simultáneamente en una *piedra preciosa viva* que va integrándose con otras piedras preciosas vivas, o sea, con otras almas redimidas, transformadas y vivificadas que están siendo edificadas para constituirse en la Iglesia de Cristo, el Cuerpo de Cristo, la Esposa del Cordero, la nueva morada de Dios, es decir, en la madre de todos los creyentes. Más adelante veremos que en esencia es también la Nueva Jerusalén.

Para corroborar el hecho de que el Cuerpo de Cristo es; asimismo, la morada de Dios y su Santo Templo, veamos lo que dice Efesios 2:19-22:

> *Así que ya no sois extranjeros ni advenedizos, sino conciudadanos de los santos, y miembros de la familia de Dios, edificados sobre el fundamento de los apóstoles y profetas, siendo la principal piedra del ángulo Jesucristo mismo, en quien todo el edificio, bien coordinado, va creciendo para ser* ***un templo santo*** *en el Señor; en quien vosotros también sois juntamente edificados para* ***morada de Dios*** *en el espíritu.* (Efesios 2:19-22).

En resumen, cuando una persona acepta a Jesucristo en su corazón, el Espíritu Santo inocula su alma y esta adquiere la esencia de Dios, por lo tanto, esta nace a la Vida y se convierte en hijo de Dios. El Espíritu de Dios se funde indisolublemente con su alma, cambia su esencia natural a la esencia espiritual del Señor y así, el creyente adquiere la imagen y semejanza de Dios.

7.5 **El "Principio Inverso del Holograma"**

Ya vimos cómo por el *Principio del holograma*, Dios, por medio de su Espíritu Santo, se dispensa o distribuye íntegramente en el corazón de millones de creyentes, morando simultáneamente en y con cada uno de ellos y, así, el mismo Dios que es solamente uno, se reparte a sí mismo para morar simultáneamente en el corazón de millones de hombres y mujeres y sigue siendo uno.

Ahora bien, la Esposa del Cordero que a su vez es la nueva morada de Dios, está siendo edificada mediante la integración de todas las almas redimidas, transformadas y vivificadas de millones y millones de creyentes de todas las épocas. De esta manera, la Esposa del Cordero se constituye en una especie de súper-alma vivificada por el Espíritu de Dios. Lo anterior es posible por medio del *Principio inverso del holograma.*

En consecuencia, las almas de los salvos que son muchas, están siendo integradas en una sola alma grande, la cual se constituirá en la Esposa del Cordero. Pero al mismo tiempo, el alma de cada salvo, en unión, co-inherencia o cohabitación con el Espíritu Santo, mantendrá su integridad e individualidad, por lo que cada salvo será; asimismo, hijo de Dios. Romanos 12:5 lo señala de la siguiente manera:

> *Así nosotros, **siendo muchos, somos un cuerpo en Cristo**, y todos miembros los unos de los otros.* (Romanos 12:5).

Dios usa el *Principio del holograma* y el *Principio inverso del holograma* para llevar a cabo su propósito eterno de fundar su familia y, así darse una descendencia. **Porque mientras por el *Principio del holograma,* Dios-Padre se distribuye a sí mismo para engendrar a sus hijos, por el *Principio inverso del holograma* Él integra o reúne a sus hijos para constituir su esposa, es decir, la madre de sus hijos**. Lo anterior al mismo tiempo que construye su santo templo, o sea, la nueva morada que se propone estrenar.

En otras palabras, por el *Principio del holograma*, Dios *siendo uno*, por un lado, se reparte o se distribuye dispensándose simultáneamente en el corazón de todos y cada uno de los creyentes sin perder su integridad ni unidad. Por otro lado, por el *Principio inverso del holograma*, Dios está reuniendo a todos sus hijos, es decir, a todas las almas redimidas, transformadas y vivificadas de los salvos en una sola alma, o sea, en una sola alma grande vivificada que será su esposa, la Esposa del Cordero; al tiempo que el alma de cada uno de los salvos, en unión indisoluble con el Espíritu Santo, mantendrá su individualidad como hijo de Dios.

La unión eterna entre el Espíritu de Dios y el alma del hombre la expresa el Señor Jesucristo en Juan 14:16, cuando dice:

> *Y yo rogaré al Padre, y os dará otro Consolador,* ***para que esté con vosotros para siempre.*** (Juan 14:16).

Por cierto, es precisamente en Jesucristo en quien se da por primera vez la aplicación de ambos principios, o sea, el *Principio del holograma y el Principio inverso del holograma.* En Juan 16:28 Jesucristo mismo lo describe de la siguiente manera:

> ***Salí del Padre, y he venido al mundo; otra vez dejo el mundo, y voy al Padre.*** (Juan 16:28).

En resumen, por el ***Principio del holograma***, Dios quien es uno se distribuye en muchos y sigue siendo uno, mientras por el ***Principio inverso del holograma***, Dios integra a muchas almas en una sola alma [la Esposa del Cordero] y estas siguen siendo muchas.

Una conclusión muy importante es que Dios reúne entre sus características, las de un *Súper-holograma* y, su plan es que la Esposa del Cordero tenga; asimismo, las características de otro *Súper-holograma*, una especie de *Súper-alma vivificada*, constituida por la integración de todas las almas redimidas, transformadas y vivificadas de todos los creyentes de todas las épocas, a partir la muerte y resurrección de Jesucristo.

CAPÍTULO 8

De la "Primera Fase" a la "Segunda Fase" del Plan de Dios

La primera fase del plan de Dios consistió en fundar su familia con base en los hombres y mujeres que, en santidad, le obedecieran y que en el uso de su libre albedrío aceptaran formar parte de su familia. La obediencia a Dios, tanto ayer como hoy, es decir, desde siempre, ha sido y es la condición *sine qua non* o necesaria e indispensable para que el hombre permanezca en santidad; consecuentemente, para que forme parte de la familia de Dios. Porque ante todo y, sobre todo, Dios espera obediencia de parte del hombre. Sin embargo, como se dijo antes, Adán y Eva en el uso de su libre albedrío decidieron desobedecerlo.

En vista de que, durante la primera fase del plan de Dios, el hombre lo desobedeció, entonces Dios puso en acción la segunda fase de su plan. Todo debido a su propósito firme de fundar su familia para darse una descendencia y llenar ese gran anhelo de su corazón. El traspié de la primera fase es atribuible al hombre y de ninguna manera a Dios, y en nada cambió su propósito que ha sido, es y sigue siendo el mismo: fundar su familia, darse una descendencia y establecer y estrenar su nueva morada.

En la primera fase, Dios confió el éxito de su plan en el hombre. Sin embargo, él no llenó las expectativas que Dios puso en él. Por lo tanto, el Señor tuvo que poner en ejecución una segunda fase de su plan, enviando a su hijo Jesús a apoyar al hombre para así asegurar y garantizar el éxito del mismo en esta ocasión.

De esta manera, Dios pone en ejecución la segunda fase de su plan que es la última y definitiva porque no hay ni habrá una tercera fase.

La determinación de Dios es tan firme que, para ejecutar esta segunda fase y asegurarse que se cumpla su propósito en esta ocasión, tomó la dramática decisión de enviar a sacrificar a su propio hijo. Esto por cuanto ya no dejó completamente en manos del hombre la constitución de su familia. Por lo tanto, la segunda fase del plan de Dios consistió en enviar a sacrificar a su propio hijo para rescatar al hombre de las garras de la muerte, la cual se había enseñoreado de él a partir de la caída de Adán y Eva. De esta manera, Dios se propuso librar al hombre de la creciente corrupción y endurecimiento de su corazón. Todo con el propósito de que él diera una vuelta en "U" para tomar de nuevo el camino de la obediencia, o sea, el camino a la Vida que Dios le ofrece, Vida que es indispensable para que forme parte de su familia.

8.1 Las Diferencias Fundamentales entre la Primera y la Segunda Fase del Plan de Dios

En esencia, las diferencias entre la primera y la segunda fase del plan de Dios son las mismas que existen entre el primer Adán y el último Adán, o sea, entre Adán y Jesucristo.

Por un lado, con la primera fase, como se sabe, Dios creó al hombre con su Espíritu Santo morando en su corazón, o sea, lo creó a su imagen y conforme a su semejanza. Sin embargo, por su desobediencia, como se dijo anteriormente, Dios se separa de él y este muere, es decir, muere espiritualmente. De manera que, el hombre se vuelve esclavo del pecado; consecuentemente, pasa de la libertad a la esclavitud, es decir, de la Vida a la muerte.

Por otro lado, con la segunda fase, el hombre nace separado de Dios, por tal razón, nace espiritualmente muerto, es decir, sin la imagen y semejanza de Dios. Sin embargo, cuando acepta a Jesucristo como su Señor y salvador, el Espíritu de Dios entra a morar con él en su corazón, y pasa de la esclavitud a la libertad, de la muerte a la Vida, adquiriendo nuevamente la imagen y semejanza de Dios.

En otras palabras, mientras ***la primera fase se fundamentó en el primer Adán***, cuya desobediencia y fracaso trajo muerte a toda la humanidad, ***la segunda fase se sustenta en el último Adán, o sea, en Jesucristo***, cuya obediencia y éxito trae *Vida Eterna* a todos.

Con la segunda fase, Dios prácticamente invirtió todo el proceso inicial de la primera fase. Sin embargo, es importante señalar que **ambas tienen en común, el requisito del ejercicio del libre albedrío del hombre para aceptar o rechazar el ofrecimiento de Dios de formar parte de su familia**.

En resumen, con la puesta en marcha de la primera fase, como se dijo antes, Dios puso en manos del hombre gran parte de la responsabilidad de la formación de su familia. Al hombre, o sea, a Adán y Eva les correspondía amar a Dios, obedeciéndolo en todo, lo que incluía que fructificaran, se multiplicaran y llenaran la Tierra; por cuanto la descendencia de Adán y Eva sería; asimismo, recta y perfecta, por lo tanto, al igual que ellos tendrían el Espíritu de Dios morando en su corazón, es decir, el *pedazo del holograma de Dios*; consecuentemente, serían igualmente, seres con la imagen y semejanza de Dios. Dicha descendencia humana es la que constituiría los hijos que Dios heredaría para formar su familia. Serían las piedras preciosas vivas con las que Dios construiría su nueva morada. Sin embargo, todos sabemos que el hombre fracasó, no pudo mantenerse fiel a su creador y Señor, lo que hizo que Dios recurriera a la segunda fase de su plan, enviando a su hijo para *tenderle una mano*. De esta manera, por medio de su hijo, Dios se aseguró de que esta vez, se eliminara toda posibilidad de fracaso y, que el hombre tuviera éxito y triunfara, posibilitando a Dios la formación de su tan anhelada familia.

Vale la pena subrayar que, desde la caída de Adán y Eva hasta la llegada del último Adán, Jesucristo, ningún hombre o mujer tuvo el privilegio de tener a Dios morando en su corazón. Ni siquiera Abraham, ni Moisés, ni David, ni Ester, ni Débora [para citar solo algunos de los más prominentes siervos y siervas de Dios] tuvieron ese privilegio. Durante dicho período, todos los seres humanos vivieron en pecado, por lo tanto, sin el Espíritu de Dios morando con y en ellos, es decir, sin el *pedazo del holograma de Dios* en su corazón.

No fue, sino hasta después de la "muerte" y resurrección de Jesucristo quien rescató al hombre del pecado y de la muerte que, Dios reinició nuevamente el "proceso" de instalar su Santo Espíritu en el corazón del hombre. Así, el Señor pudo volver a depositar o dispensar el *pedazo del holograma de Dios* en su corazón, convirtiéndolo de nuevo a su imagen y conforme a la semejanza de Dios.

8.2 **Jesús es Templo del Espíritu Santo**

Jesucristo es el único ser humano que no nació muerto espiritualmente, porque nació al mundo con el Espíritu de Dios dentro de Él, morando con Él en su corazón. En consecuencia, desde su nacimiento [al igual que Adán y Eva cuando fueron creados], vino al mundo siendo templo del Espíritu Santo, porque la plenitud de Dios, por medio de su Santo Espíritu moraba con y en Él.

8.3 **El Hombre y su Vuelta en "U"**

Como se ha reiterado, después de la caída de Adán y Eva, el hombre prácticamente ha transitado por un camino de muerte, alejándose más y más de Dios. No fue, sino hasta después de la "muerte" y resurrección de Jesucristo que el ser humano dio una vuelta en "U" hacia el camino de la Vida, justamente por el camino que le abrió Jesús. De esta manera, Dios da Vida a los "muertos", limpiándolos y rescatándolos de la muerte por medio de la sangre de Jesucristo, y volviendo a alojar su Santo Espíritu en sus corazones.

8.4 **El Destino de los Justos que Durmieron Antes de la Muerte y Resurrección de Jesucristo**

Antes de la "muerte" y resurrección de Jesucristo, ni aun los justos podían ir al Cielo, o sea, al seno de Dios una vez que estos dejaban este mundo. Lo anterior por cuanto, siendo justos estos seguían teniendo una condición corrupta y pecaminosa; además, no tenían el *pedazo del holograma de Dios*, o sea, el Espíritu Santo de Dios en su corazón.

Resulta que el Espíritu Santo funge como una especie de *boleto* o *pasaporte* sin el cual el hombre no puede entrar al Reino de Dios. Así que, ante esa situación, es decir, ante la falta de *boleto o pasaporte* para que los justos pudieran entrar al Cielo, Dios resolvió prepararles una morada temporal para que permanecieran allí, apartados para Él, en espera de la llegada de Jesús, su hijo, quien les habría de ofrecer dicho *boleto* o *pasaporte* y quien les *abriría el camino* para que entren a la presencia de Dios.

8.4.1 *El Paraíso*

Todos los justos que durmieron antes de la "muerte" y resurrección de Jesucristo tales como: Abraham, Job, Moisés, Ruth, Débora, David, Ester y muchos más; se encontraban hospedados en una morada temporal llamada Paraíso o Seno de Abraham, la cual Dios había preparado para todos los justos o santos que partían de este mundo, quienes como se dijo antes, no tenían el *boleto o pasaporte* para entrar en la presencia de Dios. Su destino final era el Cielo, también llamado morada de Dios, Templo de Dios, Ciudad de Dios, Ciudad Santa o la Nueva Jerusalén. Porque como se dijo, no podían entrar a la Ciudad de Dios al partir de este mundo, porque el Espíritu de Dios no estaba en ellos, es decir, su alma no tenía el *boleto* o *el pasaporte* que los llevara directamente al seno de Dios. En otras palabras, no tenían el *pedazo del holograma de Dios* que les sirviera de acompañante, el cual es el que propicia el proceso de reunificación con Dios. La verdad es que del período que se extiende, desde la caída de Adán y Eva hasta la "muerte" y resurrección de Jesucristo, ninguna persona tenía *boleto* de entrada al seno de Dios.

De esta manera, Dios creó el Paraíso para albergar a todos los justos que partieron de este mundo durante dicho período antes señalado. Por lo tanto, no fue, sino a partir de la consumación del sacrificio de Jesús, que el Reino de Dios fue abierto a los justos y, todos los que estaban hospedados y guardados en el Paraíso, resucitaron y fueron vivificados por el mismo Espíritu que vivificó a Jesucristo, el Espíritu Santo. Luego de recibir el *boleto o pasaporte*, es decir, *pedazo del holograma de Dios*, pudieron entrar al Cielo a la presencia de Dios. De esta manera, al fin, el Paraíso despidió a sus ilustres huéspedes y fue clausurado para siempre.

8.4.2 *¿Existe otro paraíso, un mini paraíso arriba, no terrenal?*

El Paraíso o Seno de Abraham, como se dijo antes, fue el hospedaje de todos los siervos de Dios que "durmieron" o partieron de este mundo antes de la llegada, muerte y resurrección de Jesucristo. Sin embargo, es importante señalar que aún existe otro paraíso, un *mini paraíso que está arriba; pero separado de Dios.* Se trata del lugar en que se encuentran hospedados Enoc y Elías, quienes son los únicos siervos de Dios que no sufrieron "muerte" física aquí en la Tierra, sino que, ambos fueron llevados o arrebatados por Dios y hospedados en dicho *mini paraíso* que Dios estableció para recibirlos y hospedarlos; entretanto, esperan el momento para cumplir la misión por la que fueron llevados y reservados allá. Misión luego de la cual recibirán su *boleto o pasaporte*, o sea, el Espíritu Santo, el *pedazo del holograma de Dios*, que como sabemos, es un requisito indispensable para que todo ser humano pueda entrar al Cielo, es decir, al Reino de Dios.

Son muchas las preguntas que, a través de todas las épocas, se han hecho sobre el paradero de Enoc y Elías. Veamos lo que dicen las escrituras en Génesis 5:22-24 y 2ª Reyes 2:11 sobre cómo ambos siervos fueron retirados de este mundo.

> *Y caminó Enoc con Dios, después que engendró a Matusalén, trescientos años, y engendró hijos e hijas. Y fueron todos los días de Enoc trescientos sesenta y cinco años. Caminó, pues, Enoc con Dios,* ***y desapareció, porque le llevó Dios****.* (Génesis 5:22-24).

El caso de Elías se da, estando con Eliseo, su discípulo quien le había pedido una doble porción de su espíritu.

> *Y aconteció que yendo ellos y hablando, he aquí un carro de fuego con caballos de fuego apartó a los dos; y* ***Elías subió al cielo en un torbellino****.* (2ª Reyes 2:11).

Algunos confunden estos dos casos con el destino de Moisés, quien no fue llevado ni arrebatado por Dios, sino que subió a la montaña por orden de Dios y allí murió en la Tierra. Tanto así que hubo una disputa entre el arcángel Miguel y el diablo por el cuerpo de Moisés. Veamos lo que dice Judas 9:

> *Pero* ***cuando el arcángel Miguel contendía con el diablo, disputando con él por el cuerpo de Moisés****, no se atrevió a proferir juicio de maldición contra él, sino que dijo: El Señor te reprenda.* (Judas 9).

De esta manera, debe quedar claro que Moisés no fue arrebatado o llevado por Dios, tal como sucedió con Enoc y Elías, sino que murió en la montaña y fue llevado al Seno de Abraham como todos los justos que partieron de este mundo antes de la muerte y resurrección de Jesucristo, con la excepción de Enoc y Elías.

Por otro lado, aunque ambos fueron llevados o arrebatados por Dios mismo, de ninguna manera se encuentran con Él, porque aún no tienen su *boleto* o *pasaporte* que es el Espíritu Santo, es decir, el *pedazo del holograma de Dios*, que como se ha repetido una y otra vez, es el requisito indispensable para que todo ser humano entre al Reino de Dios.

Jesucristo ratifica claramente ese requisito en Juan 14:6 al responder a Tomás, que le preguntó que si no sabían a dónde iba, cómo podían saber el camino:

> *Jesús le dijo: Yo soy el camino, y la verdad, y la vida;* ***nadie viene al Padre, sino por mí.***
> (Juan 14:6).

De esta manera, deberá quedar muy claro que, sin Jesús, **que es el único Camino**, nadie puede llegar al Padre, o sea, al Reino de Dios. De ahí que, aunque Enoc y Elías fueron llevados por Dios mismo, después de todos estos años, aún no han llegado al Padre.

8.4.3 *¿Cuándo y cómo Enoc y Elías recibirán su "boleto" para entrar al seno de Dios?*

Muchos se han preguntado cómo Enoc y Elías entrarán al Lugar Santísimo, al seno de Dios, si estos abandonaron este mundo sin haber recibido el Espíritu de Dios en su corazón, lo que constituye una condición *sine qua non* o indispensable para entrar en la presencia de Dios. Hay varias verdades que vale la pena repasar para resolver este que ha sido por mucho tiempo un gran misterio:

1. *Sin excepción, ninguna persona podrá entrar al seno de Dios sin su "boleto" o "pasaporte" que es el Espíritu Santo, o sea, sin su "pedazo del holograma de Dios". Solo las almas redimidas, transformadas y vivificadas por el Espíritu de Dios, podrán entrar al Lugar Santísimo que es el seno de Dios.*
2. *El boleto, es decir, el Espíritu Santo, el pedazo del holograma de Dios, solo se reparte y se recibe aquí en este mundo al que el Señor envió al Consolador para todos los hombres. Nadie lo podrá recibir en otro lugar que no sea en este mundo.*
3. *Todas las personas, incluidos los más grandes siervos de Dios estaban manchados por el estigma de la muerte por el pecado original. De modo que, solo pueden ser limpiados y redimidos por la sangre del sacrificio del Cordero que es la única sangre capaz de limpiar dicha mancha y estigma para siempre, para que el hombre pueda ver a Dios cara a cara.*

Siendo indiscutibles los anteriores enunciados, entonces, ¿cómo hará Dios para salvar dichos escollos y, al fin, poder disfrutar de la presencia de sus amadísimos siervos:

Enoc y Elías?, tomando en cuenta que ellos ya habían sido arrebatados de este mundo, por lo que no estuvieron en el seno de Abraham para resucitar junto a todos los siervos de Dios, como sí lo hicieron Job, Abraham, Moisés, Ruth, Samuel, Ester y muchísimos más, para recibir su *boleto* o *pasaporte* en aquel dramático momento en que Jesucristo acabó su misión, echando sobre sí el pecado de toda la humanidad y, empezó la repartición de *boletos* o *pasaportes* para que aquellos justos pudieran entrar a la presencia de Dios y recibir *Vida Eterna.* Repartición que no ha cesado, sino que aún hoy, sigue realizando el Señor.

Está muy claro que Enoc y Elías no han sido incluidos aún en dicha repartición. Por consiguiente, ambos siguen sin su *boleto* de entrada al seno de Dios, por lo tanto, siguen esperando es momento en el *mini paraíso* en donde aún se encuentran.

Entonces y de nuevo, la pregunta es: ¿cómo hará Dios para que Enoc y Elías obtengan su *boleto,* si estos solamente están siendo repartidos en este mundo y ellos ya no están aquí?

¿Será posible que el Señor tenga a Enoc y a Elías reservados desde tiempos eternos para alguna misión específica, para lo cual está pensando traerlos de nuevo a este mundo y así aprovechar dicha misión para que, estando acá, reciban su *boleto* o *pasaporte* para que así, los pueda recibir en su seno? Bueno, la respuesta es un gran sí. A Enoc y Elías Dios los tiene reservados para la misión de ser sus dos testigos que citan las Escrituras en Apocalipsis 11. Efectivamente, aquellos dos testigos sobre los cuales; incluso, las opiniones de muchos creyentes están divididas en cuanto a quiénes son y de dónde vendrán. Pues bien, serán ni más ni menos que Enoc y Elías quienes por fin, saldrán del *mini paraíso* a cumplir la misión que el Señor les tiene reservada desde tiempos eternos, y para la cual, fueron retirados del mundo sin sufrir muerte física convencional.

Veamos lo que dice el Señor por medio del Apóstol Juan con respecto a los dos testigos, en Apocalipsis 11:3-5:

> *Y daré a mis dos testigos que profeticen por mil doscientos sesenta días, vestidos de cilicio.* ***Estos testigos son los dos olivos, y los dos candeleros que están en pie delante del Dios de la tierra****.*
>
> *Si alguno quiere dañarlos, sale fuego de la boca de ellos, y devora a sus enemigos; y si alguno quiere hacerles daño, debe morir él de la misma manera.* (Apocalipsis 11:3-5).

Por lo tanto, esos dos emisarios del Señor que serán Enoc y Elías, vendrán con gran poder a ser testigos y profetas de Dios por tres años y medio. Luego de ese lapso, Dios permitirá que sean vencidos y "muertos" por el diablo. Pero después de tres días y medio de estar tirados públicamente en la plaza de la ciudad, el Señor los resucitará, y será hasta entonces; sí, solo entonces, que Enoc y Elías finalmente recibirán su *boleto* o *pasaporte*, el Espíritu de Dios, o sea, su *pedazo del holograma de Dios*; luego del cual serán arrebatados nuevamente; pero esta vez no para ir a una morada temporal, es decir, a un *mini paraíso*, sino para entrar a morar al seno de Dios por la eternidad. Veamos lo que dice Apocalipsis 11:11-12:

> *Pero después de tres días y medio* ***entró en ellos el espíritu de vida [el Espíritu Santo] enviado por Dios****, y se levantaron sobre sus pies, y cayó gran temor sobre los que los vieron. Y oyeron una gran voz del cielo, que les decía: Subid acá.* ***Y subieron al cielo en una nube****; y sus enemigos los vieron.* (Apocalipsis 11:11-12).

De esta manera, los dos testigos de Dios serán Enoc y Elías quienes aún permanecen en un *mini paraíso* en algún "lugar" arriba, a la espera de cumplir la misión por la que fueron arrebatados por Dios. Además, para de paso recibir su *boleto* que permita que sean redimidos, transformados y vivificados por el mismo Espíritu que vivificó a Jesucristo; consecuente y finalmente, reunirse con el Señor en su Reino.

8.5 El Hombre: ¿Piedra Preciosa Viva o Andamio?

Como se dijo antes, nada ni nadie escapa de la soberana voluntad de Dios. Todo, absolutamente todo se enmarca dentro de sus propósitos. Ni los pecadores, criminales ni los traidores escapan a su voluntad, antes bien, participan de la voluntad de Dios.

¿Cuál es entonces la diferencia entre los que aceptan la oferta de ser parte de la familia de Dios y los que la rechazan?

La diferencia es que los que aceptan ser parte de la familia de Dios, se constituirán en *piedras preciosas vivas* que por la eternidad serán parte de su familia, o sea, parte de su santa morada; entretanto, los que rechazan la oferta de Dios, serán andamios que facilitarán la construcción y consumación de su propósito eterno: su familia real, su santa morada, y como se sabe, una vez concluida toda construcción, los andamios son arrancados y desechados. Pero todos sin excepción alguna, habrán contribuido a los planes y propósitos de Dios.

Sin embargo, el hecho de que Dios, incluso, aprovecha la maldad del corazón de algunas personas para llevar a cabo sus propósitos, ese hecho no implica de modo alguno que dichas personas son relevadas de la responsabilidad por sus faltas y pecados cometidos. Las escrituras abundan en estos casos. Basta traer a memoria el caso ya citado de Judas Iscariote. Su traición no dejó de ser pecado por el hecho de que Dios lo aprovechó para hacer cumplir su plan de salvación para el hombre por medio de Jesucristo. Veamos lo que dice el Señor al respecto en Marcos 14:21:

> *A la verdad el Hijo del Hombre va, según está escrito de él,* ***mas ¡ay de aquel hombre por quien el Hijo del Hombre es entregado!*** *Bueno le fuera a ese hombre no haber nacido.* (Marcos 14:21).

Cuando el hombre en el uso de su libre albedrío escoge su destino; en esencia, su escogencia le abre dos posibilidades mutuamente excluyentes, a saber:

1. *Escoge convertirse en piedra preciosa viva para la edificación de la santa morada de Dios, o sea, para formar parte de la familia de Dios, o*
2. *Escoge convertirse en un andamio para la edificación de dicha morada; consecuentemente, escoge ser desechado y excluido eternamente de la familia de Dios.*

Como se puede ver, sea cual sea su decisión, el hombre no puede escapar de participar de una u otra forma en la construcción de la obra del Señor. La diferencia es que, con la primera opción, el hombre pasa a formar parte de la santa morada de Dios por la eternidad; entre tanto, con la segunda opción, es desechado y eliminado como corresponde a todo andamio al final de una construcción.

Por todo lo anterior, toda persona se enfrenta desde su nacimiento a dar una obligada respuesta fundamental a la disyuntiva planteada en la siguiente pregunta: ¿qué escoge ser: una piedra o un andamio de la construcción del Santo Templo de Dios?

En la respuesta a la anterior disyuntiva está el pleno ejercicio del libre albedrío del hombre, libertad que es potestad exclusiva de cada ser humano en la cual, Dios no interfiere, a fin de asegurarse de que cada uno lo ejerza libremente; por eso se llama libre albedrío.

Lo que Dios sí hace es *presentar y promover su*

oferta, esto es, presentar claramente sus opciones a los hombres. Asimismo, se asegura de que sepa que Él anhela tenerlo como parte de su familia, es decir, como parte de su descendencia. Incluso, Dios constantemente está dándole muestras incuestionables de su grandeza e infinita creatividad por medio de su ingeniosa creación y de su gran amor y misericordia, ofreciéndole un camino claro hacia Él. Pero Dios también hace otra cosa: trata de "enamorar" a los seres humanos para conquistar su alma y, para eso utiliza su principal esencia: el amor. Porque Dios está profundamente enamorado del ser humano y, es ese amor el que hace que Dios, una y otra vez, perdone y siga perdonando sus constantes faltas y transgresiones. Es lo que le hace desplegar su inmensa misericordia y gracia a favor del hombre. Sin embargo, aun así, hay quienes son rebeldes y no se dejan enamorar. Dios anhela tener un "romance" con cada ser humano; pero, frecuentemente este rechaza esa posibilidad.

De esta manera, la disyuntiva que inevitablemente enfrenta cada persona durante su paso por este mundo es muy simple; pero fundamental, a saber: deberá escoger entre ser una *piedra preciosa viva*, o ser *un andamio* en la construcción de la santa morada de Dios. Estas son las únicas alternativas que, desde siempre, Dios puso delante de cada ser humano y, como se ha señalado repetidamente, cada uno tiene plena libertad para escoger y definir su propio destino.

Para cumplir sus propósitos de acuerdo con su divina bondad, Dios creó al hombre para que se constituya en una piedra preciosa viva de su santa morada y para que forme parte de su familia; consecuentemente, que se constituya en su descendencia. Además, el Señor hizo otra cosa, dio al ser humano la capacidad y el privilegio de convertirse en productor y suplidor de piedras preciosas vivas para la construcción de su santa morada. Esto por medio de la familia humana, o sea, de sus hijos e hijas y, ese es justamente el propósito por el que Dios mismo creó para sí, la *institución de la familia*. Pero también la instituyó entre los hombres [varón y hembra], para que estos fructificaran y se multiplicaran teniendo hijos e hijas, como el "*mecanismo*" creado por Dios para suplirle sus propios hijos e hijas, es decir, de las *piedras preciosas vivas* que Él requiere para la construcción de su santa morada.

> Lo anterior explica el por qué el Señor responsabiliza a los padres y madres terrenales por la crianza sus hijos e hijas en los preceptos y admonición de Dios. Todo con el propósito de apartarlos del mal, guardarlos en santidad y encausarlos hacia Dios.

Hay familias productoras de piedras preciosas vivas, en las que Dios tiene mucha complacencia. Asimismo, existen familias productoras de andamios, por las que el Señor tiene mucho "pesar" y "tristeza", porque estos al final son desechados y se pierden. Es importante subrayar que, sin excepción alguna, todas las familias con hijos e hijas *suplen material* para la construcción de la obra de Dios: su sagrada familia, su santa morada. La diferencia es que unas familias suplen *piedras preciosas vivas* y otras suplen *andamios*.

Asimismo, se dan muchos casos de personas que viven la primera parte de su vida siendo andamios y luego, por la misericordia y gracia de Dios, aceptan y reciben al Señor Jesucristo en su corazón, son transformados y convertidos en *piedras preciosas vivas* de la construcción de la morada de Dios. Lo fundamental es su destino final, no necesariamente sus pasos iniciales. Uno de los casos más notables de transformación de andamio a piedra preciosa viva, es el caso del apóstol Pablo, cuya conversión dramática y divina fue espectacular e impresionante. Sin embargo, ninguna persona debe vivir en pecado confiando en que más adelante podrá pasar o cambiar de bando y ser transformado. Por cuanto, en medio de esa transición, puede perecer sin haber tenido la oportunidad de aceptar al Señor y experimentar la transformación necesaria para alcanzar la *Vida Eterna*. Además, la segunda venida del Señor Jesucristo puede sorprenderla y dejarla prácticamente con poca opción de alcanzar la salvación.

Finalmente, es muy importante señalar que toda decisión personal tiene consecuencias y, que dichas consecuencias son trascendentales para la vida o la muerte. Sobre todo, cuando se trata del ejercicio del libre albedrío para aceptar o rechazar a Dios. Un caso del ejercicio del libre albedrío cuya consecuencia transformó el mundo entero, es el que se dio cuando Jacob, quien es el fundador directo del pueblo de Israel, en camino a Padan-aram, a la casa de su tío Labán, ejerció su libre albedrío para escoger al Señor como su Dios. Veamos como lo describe Génesis 28:20-21:

> *E hizo Jacob voto, diciendo: Si fuere Dios conmigo, y me guardare en este viaje en que voy, y me diere pan para comer y vestido para vestir, y si volviere en paz a casa de mi padre,* ***Jehová será mi Dios.*** (Génesis 28:20-21).

De este particular y muy claro ejercicio del libre albedrío de parte de Jacob para aceptar a Jehová como su Dios, se puede extraer las siguientes enseñanzas:

1. *Por un lado, se puede observar que, a pesar de que Jacob era nieto e hijo de los patriarcas Abraham e Isaac respectivamente, eso no bastó. Él tenía que tomar su propia decisión de aceptar al Señor como su Dios. Por lo tanto, se ratifica aquí el hecho de que la salvación es personal.*
2. *Por otro lado, es curioso ver que Jacob condicionó su aceptación del Señor, a que lo custodiara, lo sustentara alimentando y vistiéndolo, y que lo devolviera sano y salvo a la casa de su padre. Condiciones que el Señor aceptó y honró ampliamente.*
3. *Que el trato o la relación entre cada persona y Dios, en cuanto a su conversión y su relación en general con Él, puede ser muy particular. Siempre que exista integridad de parte de la persona. Ahora, siendo así, Dios suele responder a peticiones específicas.*

8.6 Las Dos Dimensiones de la Gran Misión del Hombre

La gran misión del hombre en esta Tierra está compuesta por dos partes o dimensiones fundamentales, a saber: la primera parte de su misión es aceptar la oferta del Señor para formar parte de la familia de Dios y, la segunda parte de su misión es convertirse en un instrumento eficaz para que otras personas también acepten la oferta de Dios. En otras palabras, la primera parte de la gran misión del hombre es, aceptar la oferta del Señor para convertirse en *piedra preciosa viva* para la construcción de su nueva morada y, en segundo lugar, es servir de instrumento para ayudar a otras personas a convertirse también en *piedras preciosas vivas* para ese mismo propósito divino del Señor. Esto último comenzando por su propia familia.

Al cumplir dicha misión bidimensional, lo que el hombre está realmente haciendo es cumpliendo los dos mandamientos que Jesucristo nos dejó con sus discípulos, a saber:

1. En Marcos 12:30 Jesús deja a sus discípulos el primer mandamiento:

> ***Y amarás al Señor tu Dios con todo tu corazón, y con toda tu alma, y con toda tu mente y con todas tus fuerzas.*** *Este es el principal mandamiento.* (Marcos 12:30).

Lo anterior por cuanto, por amor a Dios, el hombre le obedece y le acepta su oferta de ser parte de su descendencia y, al hacerlo, se convierte en *piedra preciosa viva*; consecuentemente pasa a formar parte de la familia de Dios y de su santa morada.

2. En Marcos 12:31 Jesús declara el segundo mandamiento:

> *Y el segundo es semejante:* ***Amarás a tu prójimo como ti mismo****. No hay otro mandamiento mayor que estos.* (Marcos 12:31).

En este caso, al amar al prójimo como a sí mismo, dicho amor induce a la persona a esforzarse para que su prójimo también ame a Dios y le obedezca, aceptando este también su oferta, convirtiéndose; asimismo, en *piedra preciosa viva* para la edificación de la santa morada de Dios y la formación de su familia.

Por lo tanto, los dos mandamientos del Señor Jesucristo para todos los seres humanos, son mucho más prácticos de lo que parecen ser a primera vista. En la práctica, el amor a Dios y a su prójimo, deben impulsar al hombre a aceptar y recibir a Jesucristo como su Señor y salvador y a la búsqueda sin cesar, de que su prójimo lo acepte y lo reciba también como Señor y salvador.

8.6.1 *¿Y qué significa amar a Dios?*

A menudo se suele confundir el amor con la atracción y la emoción que siente, por ejemplo, una pareja de novios. Pero ese no es el verdadero amor. La atracción y la "emoción" que suele sentir una pareja casi siempre son sentimientos involuntarios que no suelen depender de las personas. Además, son "sentimientos temporales", por lo que casi siempre, suelen extinguirse y desaparecer rápidamente, casi con la misma velocidad con que aparecieron. No son producto de una decisión personal. El verdadero amor sí es una decisión personal, por lo que solo se extingue por la voluntad personal.

Entonces, ¿qué significa amar a Dios? Y, ¿cómo podemos amar a Dios?

> Definición:
>
> *Amar a Dios, es someterse a Él,* ***obedeciéndole, guardando su Palabra.***

En Juan 14:23 y Juan 15:10, el mismísimo Jesucristo lo declara de la siguiente manera:

> *Respondió Jesús y le dijo:* ***El que me ama, mi palabra guardará****; y mi Padre le amará, y vendremos a él, y haremos morada con él.* (Juan 14:23).
>
> ***Si guardareis mis mandamientos, permaneceréis en mi amor****; así como yo he*

guardado los mandamientos de mi Padre, y permanezco en su amor. (Juan 15:10).

Ese sí es amor verdadero y depende de una decisión personal. Es su plena y entera decisión.

Por eso, cuando el Señor Jesucristo nos manda a amar a Dios con todo nuestro corazón, con toda nuestra alma, con toda nuestra mente y con todas nuestras fuerzas. Lo que en realidad está demandando de nosotros es que:

> *Con la más* ***profunda convicción*** *de nuestro corazón, la* ***más fuerte determinación*** *de nuestra alma, el* ***mayor poder*** *de nuestra mente y el* ***mayor impulso*** *de nuestras fuerzas, nos sometamos a Dios, obedeciéndolo y guardando su Palabra.*

El amor que espera Dios de los seres humanos es que le sirvan, lo honren y, sobre todo, le obedezcan, es decir, estos deben demostrar que son capaces de ser siervos leales a Dios, pues esa es su misión eterna frente a Él en su condición de Señor.

La obediencia a Dios coloca al hombre en una situación que complace al Señor en sus tres condiciones frente al hombre, a saber:

1. *En su condición de Señor, Dios convierte al hombre en su servidor,* ***si le obedece.***
2. *En su condición de Dios, Él lo convierte a su propia esencia o naturaleza, por lo tanto, el hombre llega a ser parte de Dios,* ***por medio de la obediencia.***

3. *En su condición de Padre, Dios convierte al hombre en su hijo o hija,* ***si este le obedece.***

Como claramente se puede ver, *la obediencia es la clave y la llave para todo en lo que concierne a la relación del hombre con Dios.* Por eso se complace mucho con los hijos e hijas que obedecen a sus padres terrenales; consecuentemente, los llena de bendiciones. Porque justamente es lo que Él desea y espera de sus propios hijos e hijas: *obediencia.*

Es claro entonces, que el amor a Dios, es decir, la obediencia a Dios, es *el arma secreta* de la vida de todo creyente. Es más, la obediencia a Dios es el único camino a la *Vida Eterna.*

Por otro lado, llama poderosamente la atención el hecho de que la obtención de dicha *arma secreta* y la efectividad de la misma, depende única y exclusivamente de la decisión de cada persona de obedecer a Dios y de nadie más; Porque solo debe ejercer su libre albedrío para aceptar al Señor como su Dios, para tener a su disposición esa *arma secreta* [la obediencia] si la desea, es decir, **es su decisión**.

8.7 El Hombre Crea sus Propios Dioses

Con la caída del hombre [Adán y Eva], una vez que Espíritu de Dios se retiró de su corazón, la *Infraestructura Infinita* que Dios dejó en él, le creó un gran vacío. Vacío que, por cierto, va permanecer en él, mientras el Espíritu de Dios no vuelve a acoplarse a dicha *Infraestructura Infinita.*

Pero el hombre, en su búsqueda por llenar ese vacío, ya con su corazón contaminado y endurecido y, estando muy lejos de Dios; suele tratar de "crear" o "inventarse" sus propios "dioses" con la esperanza de llenar dicho vacío con ellos. La trampa en que suele caer es que sus "dioses" son creados de acuerdo con el paradigma de sus propios sentidos naturales, es decir, de acuerdo con lo que él puede percibir con sus cinco sentidos. Es así como, a través de la historia, el hombre ha creado "dioses" que, unas veces son cuerpos celestes como el Sol, la Luna y las estrellas; otras veces son dioses-hombre, de carne y hueso o algún "héroe" mitológico creado en su imaginación; en otras ocasiones se trata de figuras de animales en metal, piedra o madera, hechas por manos humanas, entre otras. Pero en casi todos los casos, el hombre ha sentido la necesidad de que sus dioses sean visibles y que, en general, puedan ser percibidos por medio de sus sentidos naturales.

Lo sorprendente de esta situación, es que el hombre mismo, en la mayoría de los casos, ha sido hacedor y creador de sus propios dioses; atribuyéndoles luego, poderes sobrenaturales por encima de sí mismo, es decir, paradójicamente, muchos de sus dioses son creados por manos humanas, por lo que no oyen, no ven, no sienten ni entienden.

La entronización de los sentidos naturales en el hombre y, el consecuente bloqueo de sus sentidos espirituales, ha hecho que solo crea y confíe en lo que puede ver o tocar, es decir, en lo que "existe" en su "realidad" física o natural, dado que esta es la única "realidad" que el hombre puede percibir por medio de sus sentidos naturales.

Por todo lo anterior, la paradoja es que el hombre suele tomar una parte de la creación del Dios verdadero para hacer de ella su dios falso, ignorando y desconociendo al Creador de todas las cosas quien es el único Dios. Claro está, el verdadero Dios es invisible y solo es percibible por medio de los sentidos espirituales. Ahora bien, dado que, el hombre natural normalmente tiene sus sentidos espirituales bloqueados o atrofiados, entonces suele tener problemas para percibir al verdadero Dios; consecuentemente, esa es la trampa en que tiende a caer para su propia desgracia y para la tristeza de Dios.

CAPÍTULO 9

EL CUERPO DE CRISTO

Como se dijo antes, el Cuerpo de Cristo, la Esposa del Cordero o la Iglesia de Cristo, es la unión o integración de todas las almas redimidas, transformadas y vivificadas de todos los salvos. Se puede decir que Dios es como una especie de *Súper-holograma* y que el Cuerpo de Cristo es como una especie de *Súper-alma* que constituye la morada de Dios, que más adelante se verá que es; asimismo, la Gran Ciudad Santa de Dios o la Nueva Jerusalén y, es precisamente en la *Nueva Jerusalén* en donde se dará la relación de co-inherencia o cohabitación entre Dios y su pueblo, es decir, entre Dios y su familia. Porque esta estará morando dentro Dios y, asimismo, Dios estará morando dentro de su familia que será su nueva morada. De esta manera, la *Nueva Jerusalén* será la morada de Dios y Dios será su morada.

Por lo tanto, el Cuerpo de Cristo, es al mismo tiempo, la Esposa del Cordero, la Iglesia de Cristo, la Familia de

Dios, la morada de Dios, la Ciudad de Dios y la Nueva Jerusalén.

9.1 La Nueva Jerusalén

Ha habido mucha discusión sobre lo que es o representa la Nueva Jerusalén, o sea, la Ciudad de Dios. Incluso, hay quienes han especulado sobre ella, afirmando que es como una gran mansión, como un lugar físico en el cual todos los redimidos de Dios morarán. Pero esa descripción es de acuerdo con los paradigmas humanos. Ciertamente es una morada; pero es una morada espiritual.

La *Nueva Jerusalén* está muy lejos de ser un lugar físico para hospedar al pueblo redimido de Dios. Cuando el hombre trata con "entes" divinos, celestiales y espirituales, deberá poner de lado sus sentidos naturales, porque estos siempre le inducirán al error.

Sobre la Nueva Jerusalén, la Palabra de Dios da las siguientes definiciones:

9.1.1 *La Nueva Jerusalén es la Esposa del Cordero*

Apocalipsis 21:2 y 9-10 la describe de la siguiente manera:

> *Y yo Juan vi la santa ciudad, la nueva Jerusalén, descender del cielo, de Dios, dispuesta como una* ***esposa ataviada para su marido****.* (Apocalipsis 21:2).

> *Vino entonces a mí uno de los siete ángeles que tenían las siete copas llenas de las siete plagas postreras, y habló conmigo, diciendo: Ven acá, yo te mostraré la desposada, la* ***esposa del Cordero.*** *Y me llevó en el Espíritu a un monte grande y alto, y me mostró la gran ciudad santa de Jerusalén, que descendía del cielo, de Dios.* (Apocalipsis 21:9-10).

La *Nueva Jerusalén* es la novia que tanto espera y anhela el Señor para desposarse y cumplir su propósito eterno de formar una familia y tener una descendencia; lo cual, como se dijo antes, es el propósito mismo de toda la creación. Por lo tanto, **La Esposa del Cordero se llama Jerusalén y es la madre de todos los creyentes, o sea, es la madre de los hijos e hijas de Dios**. Al respecto, Gálatas 4:26 señala lo siguiente:

> *Mas* ***la Jerusalén de arriba, la cual es madre de todos nosotros****, es libre.* (Gálatas 4:26).

Pero siendo el Señor; asimismo, el Rey de reyes y Señor de señores, la *Nueva Jerusalén* que es la Esposa del Cordero, es también la Reina del Reino de Dios, como corresponde a toda esposa de Rey.

Pero como también vimos, la Esposa del Cordero es, igualmente la Iglesia de Cristo constituida por la integración de todas las almas redimidas, transformadas y vivificadas de todos los creyentes. Al mismo tiempo, es como se dijo antes, la Madre de todos los creyentes, es decir, la Madre de todos los hijos e hijas de Dios.

9.1.2 *La Nueva Jerusalén es también una ciudad con la semejanza de una piedra de jaspe*

Pero, por otro lado, la Palabra dice que Dios tiene la semejanza de una piedra jaspe. Apocalipsis 4:2-3 lo señala de la siguiente manera:

> *Y al instante yo estaba en el Espíritu; y he aquí, un trono establecido en el cielo, y en el trono, uno sentado.* ***Y el aspecto del que estaba sentado era semejante a piedra de jaspe*** *y de cornalina; y había alrededor del trono un arco iris, semejante en aspecto a la esmeralda.* (Apocalipsis 4:2-3).

Asimismo, en Apocalipsis 21:10-11 el apóstol Juan la describe de la siguiente manera:

> *Y me llevó en el Espíritu a un monte grande y alto, y me mostró la gran ciudad santa de Jerusalén, que descendía del cielo, de Dios, teniendo la gloria de Dios.* ***Y su fulgor era semejante al de una piedra preciosísima, como piedra de jaspe****, diáfana como el cristal.* (Apocalipsis 21:10-11).

9.1.3 *La Nueva Jerusalén es una ciudad de oro puro en forma cúbica.*

Apocalipsis 21:16 y 18, refiriéndose a la *Nueva Jerusalén* la describe así:

> *La Ciudad se halla establecida en cuadro, y su longitud es igual a su anchura; y él midió la ciudad con la caña, doce mil estadios (aproximadamente 2.220 Km.);* ***la longitud, la altura y la anchura de ella son iguales.*** *(*Apocalipsis 21:16).

> *El material de su muro era de jaspe;* ***pero la ciudad era de oro puro****, semejante al vidrio limpio; ...* (Apocalipsis 21:18).

9.1.4 *La Nueva Jerusalén es el tabernáculo de Dios y la morada de los hombres.*

Apocalipsis 21:3 y 22 agrega lo siguiente sobre la Nueva Jerusalén:

> *Y oí una gran voz del cielo que decía: He aquí* ***el tabernáculo de Dios*** *con los hombres, y él morará con ellos; y ellos serán su pueblo, y Dios mismo estará con ellos como su Dios.* (Apocalipsis 21:3).

> *Y no vi en ella templo; porque el Señor Dios Todopoderoso es el templo de ella, y el Cordero.* (Apocalipsis 21:22).

Por tanto, como se dijo antes, la *Nueva Jerusalén* está siendo constituida con la integración o composición de todas las almas redimidas, transformadas y vivificadas de todos los creyentes, y es a la vez, el tabernáculo de Dios y la morada de los salvos.

En otras palabras, Dios y el Cordero son la morada de su pueblo que son todos los creyentes, es decir, la totalidad de su pueblo escogido, redimido, transformado y vivificado. Dicho de manera más clara y simple: Dios morará dentro del corazón de sus redimidos y estos morarán dentro del corazón de Dios, es decir, Él es su templo y ellos su tabernáculo.

A ese morar mutuo que se da entre Dios y su pueblo en donde simultáneamente Él mora en el corazón de su pueblo y este a su vez, mora en el corazón de Dios, es lo que llamamos cohabitación o co-inherencia.

Así pues, la *Nueva Jerusalén* es al mismo tiempo la Esposa del Cordero, una ciudad con la semejanza a una piedra de jaspe, una ciudad de oro puro de forma cúbica y la morada o tabernáculo de Dios.

Por otro lado, si Dios es semejante a una piedra de jaspe; asimismo, la *Nueva Jerusalén* es semejante a una piedra de jaspe, entonces, la *Nueva Jerusalén* también tiene la semejanza de Dios.

Ahora bien, todo lo que tiene la semejanza de Dios, o es Dios, o es parte de Dios.

Recordemos que cuando Dios hizo al hombre, lo hizo a su imagen y conforme a su semejanza. Génesis 1:26 lo señala así:

> ***Entonces dijo Dios: Hagamos al hombre a nuestra imagen, conforme a nuestra semejanza****; y señoree en los peces del mar, en las aves de los cielos, en las bestias, en toda la tierra, y en todo animal que se arrastra sobre la tierra.* (Génesis 1:26),

En consecuencia, el hombre fue hecho a la imagen y conforme a su semejanza para que Dios pudiera expresarse a sí mismo a través de él. Por lo tanto, en la *Nueva Jerusalén* todo el pueblo de Dios tendrá la expresión de Dios, la imagen de Dios, la apariencia de Dios. En consecuencia, todo el pueblo de Dios será totalmente transformado para la expresión total de Dios y, la *Nueva Jerusalén* será parte indisoluble con Dios.

De esta manera, se concluye que la Ciudad de Dios, su tabernáculo, su familia, la Nueva Jerusalén, que son exactamente lo mismo, está siendo construida con las almas de todos los que tienen la imagen y semejanza de Dios, o sea, con las almas de los que fueron redimidos, transformados y vivificados por el *pedazo del holograma de Dios*, es decir, por el Espíritu Santo de Dios.

Por lo tanto, en la eternidad Dios morará en una ciudad construida de las almas de todos sus redimidos, transformados y vivificados, es decir, construida de las almas de todos sus hijos e hijas.

Hoy, cada creyente y cada iglesia local en donde se predica a Cristo y cuyos miembros han sido transformados y convertidos en hijos de Dios, *constituyen una especie de miniatura de la Nueva Jerusalén.*

Cada creyente es transformado en *piedra preciosa viva* para el *Edificio Universal de Dios*: *la Nueva Jerusalén*, en que todo el pueblo de Dios en su conjunto tendrá su imagen y semejanza.

En la *Nueva Jerusalén* estarán simultáneamente la Esposa del Cordero y los hijos e hijas de Dios. Esto debido al *Principio inverso del holograma*, en que las almas individuales de los creyentes, cohabitando como un solo espíritu con el Espíritu Santo se integrarán para formar una sola alma grande que es la Esposa del Cordero. Además, simultáneamente dichas almas en unión indisoluble con el Espíritu Santo mantendrán su integridad e individualidad y seguirán siendo muchas, cada una constituyéndose en hijos e hijas de Dios, o sea, en su descendencia.

Por todo lo anterior, debe quedar claro que Dios fue el que creó el concepto de ciudad desde antes de la fundación del mundo. Consiste en un "lugar" de morada. Dios concibió la ciudad como la morada en donde Él y su pueblo cohabitarán eternamente. Es así como, Dios creó la *Nueva Jerusalén* como su morada dentro de su pueblo y como la morada de su pueblo dentro de Él; ambos en perfecta co-inherencia o cohabitación.

En resumen, la *Nueva Jerusalén*:

1. *Es una ciudad constituida por la totalidad de las almas redimidas, transformadas y vivificadas de*

los creyentes de todos los tiempos, en perfecta co-inherencia o cohabitación con Dios.

2. *Es el conjunto de la totalidad del pueblo de Dios en resurrección, que es un estado de vida absoluta o Vida Eterna.*
3. *Es el tabernáculo de Dios y la morada de su pueblo.*
4. *Es la obra maestra de Dios porque es Dios mismo con su familia, o sea, con su esposa e hijos.*
5. *Es la Esposa del Cordero o esposa del Rey de reyes, por lo tanto, es la Reina del Reino de Dios.*

> En la *Nueva Jerusalén, Dios realiza el milagro de los milagros*, la co-inherencia o cohabitación, en que Él mora dentro del corazón de su familia y su familia mora dentro del corazón de Dios.

9.1.5 *¿Y el corazón de Dios?*

Finalmente, es importante señalar para ratificar que Dios en esencia solo mora en corazones. Recordemos que, en un principio, *durante el período del Dios Alfa* en que Dios estaba "solo" en sus tres personas, Él moraba dentro de su propio corazón.

Por otro lado, recordemos que cuando Dios creó a Adán y Eva por medio de su Santo Espíritu, Él moraba dentro de sus corazones al dispensarse en ellos de acuerdo con el *Principio del holograma.* Pero también sabemos que una vez que Jesucristo hizo el sacrificio final para redimir a la humanidad del pecado y, el hombre en el uso de su libre albedrío lo acepta como su Señor y salvador; Dios por medio del Espíritu Santo vuelve a morar en el corazón del hombre.

Por consiguiente, siendo la *Nueva Jerusalén* el "lugar" de la co-inherencia o cohabitación entre Dios y su pueblo, **por ser esta, simultáneamente la morada de los creyentes dentro de Dios y el tabernáculo de Dios dentro de su pueblo**, es decir, la reunión de las almas redimidas, transformadas y vivificadas de todos los creyentes. Además, dado que Dios solo mora en corazones, se llega entonces a la definición más importante, es decir, la definición última de lo que es la *Nueva Jerusalén*:

La Nueva Jerusalén es el corazón mismo de Dios.

Así, la *Nueva Jerusalén* es literalmente el corazón de Dios y, de lo anterior, se desprende la siguiente y muy importante revelación:

> Cuando Dios dijo que David era un hombre conforme a su propio corazón, lo que el Señor realmente estaba declarando era que la esencia del corazón de David es similar a la esencia del mismísimo corazón de Dios.

Esa declaración es singular y muy relevante por cuanto en aquellos días, el corazón de los hombres estaba muy corrompido. Porque ellos estaban sumidos en pecado y muy lejos de Dios. Además, fue mucho antes de que se derramara la sangre redentora de Jesucristo. Lo anterior pone en verdadera dimensión la estatura del Rey David ante los ojos de Dios. Lo anterior explica, asimismo, que el Señor lo honrara haciendo que Jesús sea hijo de David y, consecuentemente, de la genealogía o linaje de David.

9.1.6 *La Nueva Jerusalén y la Jerusalén terrenal*

Se sabe que la Jerusalén terrenal es la Jerusalén natural, la física, la visible, la de la esclavitud y, representa el pacto de Dios con los hijos de la esclavitud, o sea, con los hijos del pecado. Mientras la *Nueva Jerusalén*, es la espiritual, la libre, la de arriba, la celestial y, como se dijo antes, es la madre de todos los creyentes. Además, la *Nueva Jerusalén* representa el verdadero pacto de la promesa de Dios con su pueblo, por medio de Abraham su siervo. Veamos lo que al respecto dice Gálatas 4:22-26

> *Porque está escrito que Abraham tuvo dos hijos; uno de la esclava, el otro de la libre. Pero el de la esclava nació según la carne; más el de la libre, por la promesa. Lo cual es una alegoría, pues estas mujeres son los dos pactos; el uno proviene del monte Sinaí,* ***el cual da hijos para esclavitud****; este es Agar. Porque Agar es el monte Sinaí en Arabia, y* ***corresponde a la Jerusalén actual, pues ésta, junto con sus hijos, está en esclavitud****. Mas la Jerusalén de arriba,* ***la cual es madre de todos nosotros****, es libre.* (Gálatas 4:22-26).

9.2 El Panteísmo de Dios

Dentro de las doctrinas filosóficas-religiosas que a través de los años han tratado de explicar la existencia de Dios y su relación con la creación, **está la doctrina del panteísmo que, en esencia sostiene que dios es todo, que todos son dios y, que todo es dios. Sostiene; asimismo, que el universo y dios son lo mismo**. En otras palabras, dicha doctrina suele confundir la condición exclusivamente espiritual de Dios con su creación, o sea, con el universo que es temporal y que de ninguna manera forma parte de Dios ni de su Reino.

Por otro lado, en general, los creyentes suelen aborrecer el término panteísmo, por la acepción que el mundo suele hacer de dicho término. Lo anterior por cuanto ignoran que dicha expresión o concepto como en el caso de tantos otros, ha sido distorsionado para cambiar su verdadero significado espiritual en que representa una importante realidad en el Reino de Dios. Por eso, debe quedar claro que, el panteísmo sí se cumple en Dios y solamente en Él.

Como se sabe, en el principio solo estaba Dios, por lo tanto, Dios era todo y todo era Dios en sus tres personas: Padre, Hijo y Espíritu Santo. No existía el universo ni nada de lo que en él hay. De esta manera, cuando en el principio solo estaba Dios y todo era Dios, se está claramente ante un panteísmo inicial, porque en un principio Dios es todo y, todo es Dios.

Luego Dios creó el universo [que es externo a Él] y, todo lo que en él hay, incluyendo al hombre. Recuérdese que toda la creación tiene el propósito de formar la familia de Dios, o sea, su esposa e hijos, a fin de que Dios pueda dispensarse a sí mismo en su familia. Una vez cumplido su plan y propósito, el universo y todo lo que en él hay ya no será, **porque toda la creación, el universo es, como un enorme andamio cuyo propósito es la construcción de la morada de Dios, la formación de su familia, es decir, para proveerle de su descendencia; luego de la cual, este será desechado**.

Por lo tanto, al final, será de nuevo como al principio: Dios será todo y todo será Dios, con una diferencia fundamental con respecto al principio; esa diferencia la marcará su familia. La familia de Dios estará con Él y en Él, porque formará parte de Él. En consecuencia, de nuevo solo será Dios y todo será Dios.

De esta manera, ese es en realidad el verdadero panteísmo: Dios será todo y, todo será Dios. Porque Dios será en todo y todo será en Dios y, fuera de Él no será. En 1ª Corintios 15:28 se señala este concepto claramente de la siguiente manera:

> *Pero luego que todas las cosas le estén sujetas, entonces también el Hijo mismo se sujetará al que le sujetó a él todas las cosas, para que* ***Dios sea todo en todos****.* (1ª Corintios 15:28).

El panteísmo es un caso más de los tantos en que el enemigo, o sea, el diablo por medio del mundo distorsiona los atributos de Dios para apropiarse de ellos para engañar a los hombres, sobre todo a los creyentes.

9.2.1 *Dios: Alfa y Omega*

Por lo señalado anteriormente, se explica entonces, ¿por qué Dios mismo se declara el Alfa y la Omega? El Alfa porque Él es el primero o principio, porque al principio Dios estaba solo y no había nada más que Dios, el Dios uno en tres, o sea, un solo Dios en sus tres personas: Padre, Hijo y Espíritu Santo.

Asimismo, Dios se declara la Omega **porque al final, Dios de nuevo estará solo, con una diferencia fundamental y, es que sus redimidos, transformados y vivificados estarán con Él y en Él, porque serán parte de Dios, siendo Él, el Dios Omega, el Dios tres en uno, es decir, tres entes en un solo Dios a saber: El Padre, su esposa y sus hijos incorporados en el mismo Dios**. En cierto sentido humano se puede decir que la diferencia entre el Dios Alfa y el Dios Omega es que el Dios Omega se habrá "agrandado" con su familia, o sea, con su esposa e hijos.

> Así pues, mientras el Dios Alfa estaba "solo" en sus tres personas: Padre, Hijo y Espíritu Santo. El Dios Omega ha cumplido su misión, por lo tanto, estará con su familia, siendo el Dios tres en uno, porque tres entes estarán en un solo Dios. Estos son: el Padre, su esposa y sus hijos.

De esta manera, se va de un panteísmo inicial, el Dios Alfa hacia un panteísmo final y eterno, el Dios Omega en donde todo es Dios y en Dios.

Al final cuando el Todopoderoso declara: **Hecho está**, Yo soy el Alfa y la Omega, el Principio y el Fin y, por otro lado, agrega, el Primero y el Último. Es porque de nuevo, "queda" solamente Dios, por lo tanto, todo es Dios.

Apocalipsis 21:6 y 22:13 señala lo siguiente:

> *Y me dijo: Hecho está.* ***Yo soy el Alfa*** *(sic)* ***y la Omega, el principio y el fin****. Al que tuviere sed, yo le daré gratuitamente de la fuente del agua de la vida.* (Apocalipsis 21:6).

> *Yo soy el Alfa y la Omega, el principio y el fin, el* ***primero y el último****.* (Apocalipsis 22:13).

Otra manera de ver el panteísmo de Dios es en función de la Vida que solo está en Él desde el principio y, solo estará en Él al final. Porque fuera de Dios no ha habido Vida, no hay Vida, ni habrá Vida. Aquí "Vida" es *Vida Eterna*. Por lo tanto, solo en Dios se cumple el panteísmo, porque fuera de Dios no hay Vida.

9.2.2 *¿Llegará el hombre a ser Dios?*

De nuevo, cuando Dios creó a Adán y Eva, los creó a su imagen y conforme a su semejanza, es decir, los creó con su misma esencia, porque su propósito desde el principio de la creación es dispensarse y multiplicarse en el hombre para que fuera como Él, es decir, que tuviera la misma esencia de Dios. Sin embargo, como se dijo anteriormente, con la caída del hombre, la corrupción de su corazón y su consecuente muerte espiritual, perdió la imagen y semejanza de Dios, o sea, el hombre perdió la esencia de Dios.

No obstante, dado que sus planes y propósitos siempre se cumplen, Dios puso en acción la segunda fase de su plan que habría de ser implementada por su propio hijo, a fin de dar al hombre una nueva oportunidad, un nuevo camino que le permitiera volver a ser de la esencia de Dios. De esta manera, por medio del sacrificio de Jesús y mediante su preciosa sangre derramada, los pecados del hombre le fueron limpiados, por lo tanto, fue rescatado de las "garras" del pecado y de la muerte. De esta manera, se reestablecieron nuevamente las condiciones para que Dios, por medio de su Santo Espíritu volviera a morar con y en el hombre como cuando lo creó en el principio.

Por lo tanto, cuando el hombre acepta a Jesucristo como su Señor y salvador y el Espíritu Santo viene a cohabitar con él en su corazón, Dios lo engendra, consecuentemente, este nace de nuevo. Pero este nuevo nacimiento es completamente distinto a su primer nacimiento que es natural. En este caso se trata de un nacimiento espiritual en que el hombre nace a la Vida, y como el que lo engendra es Dios mismo, Este se convierte en su Padre; consecuentemente, el creyente se convierte en su hijo o hija, es decir, pasa a formar parte de la descendencia de Dios.

De esta manera, ya siendo hijo o hija de Dios, entonces, como toda descendencia, porta sus "genes", o sea, porta la esencia de su Padre. Por lo tanto, la persona adquiere la naturaleza santa de Dios. Porque todo aquel que desciende de Dios comparte su esencia.

Ahora bien, el hombre no puede llegar a ser Dios en sí mismo; pero sí llega a ser copartícipe de la naturaleza divina de Dios, de su Deidad, de la naturaleza del único Dios.

El anterior, es otro de los tantos casos en que el príncipe de este mundo, el diablo, trata de adueñarse de una verdad divina para distorsionarla y presentarla de una manera falaz y diabólica. La trampa y el peligro es que muchos creyentes, en su intento de alejarse de dichas "falacias", terminan alejándose; asimismo, de grandes verdades establecidas por Dios.

En el caso que nos ocupa, existe en el mundo una doctrina filosófica que sostiene y afirma que todos los hombres son dioses. Este concepto es totalmente erróneo y muy alejado de la verdad. **Lo que sí es cierto, es que todo creyente llegará a ser Dios. No un dios, sino el mismo único Dios quien al invadir, penetrar y saturar a cada creyente con su esencia, lo convierte a su propia esencia, o sea, a la esencia divina de Dios; consecuentemente, en Dios, es decir, en el mismo único Dios que se ha dispensado en él, porque solo existe un Dios**.

Por otro lado, recuérdese que cuando el creyente parte de este mundo, su alma redimida, transformada y vivificada "viaja" al seno de Dios, indivisible e indisolublemente unido al Espíritu Santo por toda la eternidad. Esto lo dice el mismo Señor Jesucristo en Juan 14:16 cuando afirma lo siguiente:

> *Y yo rogaré al Padre, **y os dará otro Consolador, para que esté con vosotros para siempre.*** (Juan 14:16).

Es esa unión indisoluble entre el Espíritu Santo de Dios y el alma del creyente la que lo convierte a imagen y semejanza de Dios. Por lo tanto, en hijo o hija de Dios. Ya siendo hijo de Dios, la persona comparte la misma condición y esencia de Jesucristo, **quien es el primogénito de Dios, es decir, el primer hijo de Dios que siendo hijo de hombre llega al Cielo o Reino de Dios**. Por consiguiente, el hombre al compartir la misma condición y esencia de Jesucristo, siendo coheredero de Cristo, entonces comparte; asimismo, la mismísima condición divina de Jesucristo, es decir, comparte o es copartícipe de su Deidad.

Por otro lado, en Juan 17:10, Jesús declara que Él y el Padre comparten todas las cosas:

> *Y **todo lo mío es tuyo, y lo tuyo mío**; y he sido glorificado en ellos.* (Juan 17:10).

Asimismo, examinemos lo que dice el Apóstol Pablo en Romanos 8:17:

> *Y si hijos, **también herederos; herederos de Dios y coherederos con Cristo,** si es que padecemos juntamente con él, para que juntamente con él seamos glorificados.* (Romanos 8:17).

Por consiguiente, queda muy claro que el creyente es heredero de Dios y coheredero con Cristo, por lo tanto, también todo lo del creyente [su hijo] es del Padre y, todo lo del Padre es del creyente [su hijo]. Por supuesto que ese todo, incluye la santidad y la Deidad de Dios.

Para sobreabundar en este concepto, es importante recordar las palabras del Señor en Juan 17:21-23, en que declara lo siguiente:

> ***Para que todos sean uno; como tú, oh Padre, en mí, y yo en ti, que también ellos sean uno en nosotros****; para que el mundo crea que tú me enviaste.* ***La gloria que me diste, yo les he dado, para que sean uno, así como nosotros somos uno. Yo en ellos, y tú en mí, para que sean perfectos en unidad****, para que el mundo conozca que tú me enviaste, y que los has amado a ellos como también a mí me has amado.* (Juan 17:21-23).

Es oportuna la ocasión para recordar que Jesucristo como Hijo de Dios, es Dios, porque Dios está en toda su plenitud permanentemente presente con Él y en Él; así como, el Padre y el Espíritu Santo son también Dios, porque la plenitud de Dios está en cada uno de ellos. De la misma manera, siendo los creyentes coherederos de Cristo, y dado que, por el *Principio del holograma*, el Espíritu Santo quien es también la plenitud de Dios, mora con todos y cada uno de los creyentes. Por lo tanto, los creyentes comparten la misma condición y la misma esencia de Jesucristo, la mismísima esencia de Dios, es decir, su Deidad. Consecuentemente, esa persona redimida, transformada y vivificada por el Espíritu Santo quien cohabita con ella en su corazón, es decir, con su alma, esa persona, al igual que Jesucristo, es Dios. Pero como se dijo antes, no es Dios por sí mismo, ni tampoco es un dios, ni otro dios diferente a Dios; sino, él es Dios, el mismo único Dios que se ha dispensado en su plenitud en el creyente, quien como se dijo antes, es una persona redimida por la sangre de Jesucristo y transformada y vivificada por el Espíritu Santo.

Con el propósito de corroborar lo anterior, es importante recordar que, cuando el Espíritu Santo entra al corazón de una persona y su alma se une al Espíritu de Dios, esa persona se hace un solo espíritu con Él. Así es como, lo señala 1ª Corintios 6:17:

> *Pero el que se une al Señor,* ***un espíritu es con Él.*** (1ª Corintios 6:17).

Por otro lado, es oportuno recordar que el Padre, el Hijo y el Espíritu Santo son uno. 1ª Juan 5:7 lo señala de la siguiente manera:

> *Porque tres son los que dan testimonio en el cielo: el Padre, el Verbo y el Espíritu Santo;* ***y estos tres son uno***. (1ª Juan 5:7).

Finalmente, ante la pregunta fundamental: **¿llegará el hombre a ser Dios?** La conclusión y síntesis son las siguientes:

Al igual que por el *Principio del holograma*, el Dios Alfa que es el Dios uno en tres porque se dispensa en sus tres personas: Padre, Hijo y Espíritu Santo y, las tres son Dios; asimismo, por el *Principio del holograma*, el Dios Omega que es el Dios uno en muchos porque se dispensa en muchos hijos e hijas, todos y cada uno de ellos son Dios.

Por todo lo señalado anteriormente:

Dios está cumpliendo su voluntad de crear su familia para dispensarse y multiplicarse en ella, es decir, para multiplicar su Deidad en sus hijos, expresando su Divinidad y Santidad en todos y cada uno de ellos.

Por lo tanto, es en esa condición que los creyentes se sentarán con Jesús, reinando con Él, porque ellos serán coronados como reyes y sacerdotes para el Señor. Veamos lo que dice Apocalipsis 1:6:

> ***Y nos hizo reyes y sacerdotes*** *para Dios, su Padre; a él sea gloria e imperio por los siglos de los siglos. Amén.* (Apocalipsis 1:6).

En Mateo 25:33-34, Jesús utiliza un símil para describir la condición que tendrán los creyentes, es decir, hijos de Dios, quienes heredarán el Reino de Dios. Veamos:

> *Y pondrá las ovejas a su derecha, y los cabritos a su izquierda. Entonces el Rey dirá a los de su derecha: Venid, benditos de mi Padre,* ***heredad el reino preparado para vosotros desde la fundación del mundo****.* (Mateo 25:33-34).

Más adelante veremos que el Reino de Dios que hemos de heredar todos los creyentes, es Dios mismo. Lo que el Señor está declarando con dicho símil en Mateo 25:33-34 es que el creyente heredará la mismísima condición de Dios. En consecuencia, la herencia de los creyentes es Dios mismo, su esencia, su Deidad.

No obstante, lo antes dicho, es importante subrayar que al igual que Jesucristo siendo el mismísimo Dios, cuando estuvo en este mundo, en su condición de hombre tuvo hambre y sed, lloró, se cansó, sintió dolor, fue tentado y, más. El hombre, aun compartiendo la misma esencia de Dios padecerá todas estas cosas entretanto está en este mundo. En Marcos 11:11-12 y Juan 4:6-7 y 11:35 se reafirman algunos de esos aspectos:

> *Y entró Jesús en Jerusalén, y en el templo; y habiendo mirado alrededor todas las cosas, como ya anochecía, se fue a Betania con los doce. Y al día siguiente, cuando salieron de Betania,* ***tuvo hambre****.* (Marcos 11:11-12).

> *Y estaba allí el pozo de Jacob. Entonces Jesús,* ***cansado*** *del camino, se sentó así*

> *junto al pozo. Era como la hora sexta. Vino una mujer de Samaria a sacar agua; y Jesús le dijo:* ***Dame de beber***. (Juan 4:6-7). ***Jesús lloró***. (Juan 11:35).

De la misma manera, mientras los creyentes están en este mundo, padecerán y seguirán padeciendo esos mismos sentimientos humanos, e incluso, seguirán teniendo ciertas debilidades que frecuentemente los inducirán al pecado. La diferencia fundamental es que Jesucristo como hombre nunca pecó y siempre venció la tentación. Pero en el caso de los creyentes, de cuando en cuando seguirán pecando. **Sin embargo, al arrepentirse, sus pecados les serán inmediatamente limpiados por la sangre de Jesucristo quien es su hermano mayor, el cual los cuidará para mantenerlos santos delante de Dios.**

Las debilidades que mantiene el creyente como ser humano, le serán eliminadas una vez que parte hacia el Reino de Dios. Pero, mientras esté en este mundo, no disfrutará la plenitud de Dios. De lo que sí disfrutará es de las arras de la verdadera condición divina que tendrá en la eternidad. Efesios 1:13-14 señala lo siguiente:

> *En él también vosotros, habiendo oído la palabra de verdad, el evangelio de vuestra salvación, y habiendo creído en él, fuisteis sellados con el Espíritu Santo de la promesa, que* ***es las arras de nuestra herencia hasta la redención de la posesión adquirida****, para alabanza de su gloria.* (Efesios 1:13-14).

En otras palabras, entretanto el creyente esté en este mundo y, por lo tanto, tenga su cuerpo mortal y no reciba su nuevo cuerpo transformado y vivificado por el Espíritu Santo de Dios; dispondrá de un anticipo, un adelanto de la verdadera condición que tendrá una vez que su alma abandona este mundo en unión indisoluble con el Espíritu Santo quien se reintegrará a Dios llevando consigo al creyente. Todo de acuerdo con el *Principio inverso del holograma.*

Finalmente, aun cuando el Dios Todopoderoso, por medio de su Santo Espíritu mora con cada uno de los creyentes, concretamente, dentro de su corazón. Frecuentemente, estos suelen referirse a Dios como si Este estuviera en un lugar lejano, o sea, en un Cielo lejano. Pareciera que les cuesta aceptar que el Eterno y único Dios está tan cerca como para morar dentro de ellos. **Todo creyente debe tener claro que el Cielo, o sea, el Reino de Dios, está justamente en el lugar en donde está Dios**. Por lo tanto, dado que Dios mora en el corazón del hombre, entonces, con Él está el Reino de Dios morando en el corazón de todos y cada uno de los creyentes. ¡Qué maravilla!

9.2.3 ***¿Y la Esposa del Cordero?***

En el caso de la Esposa del Cordero, dado que ella es el resultado de la integración de todas las almas redimidas, transformadas y vivificadas de todos los creyentes que, por el *Principio inverso del holograma* se constituyen en un alma grande, una especie de súper-alma. Por lo tanto, ella también está unida al Espíritu Santo de Dios. Por consiguiente, también comparte la esencia de Dios, porque Dios se ha dispensado en ella en toda su plenitud al haberse dispensado en todas y cada una de las almas de todos los creyentes que la integran y la constituyen. De manera que, la Esposa del Cordero, la Iglesia, también será Dios. Porque la plenitud de Dios se habrá dispensado en ella por medio de sus hijos. De nuevo **es importante subrayar que no se trata de otro dios**, sino del mismo único Dios. Además, recuérdese que la Esposa del Cordero será un solo espíritu con Dios, al igual que la esposa del hombre es una sola carne con él.

De esta manera, el Dios Todopoderoso se habrá dispensado, expresado y estará presente en toda su plenitud en su cónyuge, es decir, en la Esposa del Cordero y en todos y cada uno de sus hijos.

Por lo tanto, por medio del *Principio del holograma* y a través de su familia, Dios se está "multiplicando" como las estrellas del cielo y como la arena innumerable que está a la orilla del mar por medio de la descendencia de Abraham. Descendencia no por la carne, sino por la fe. Más adelante ahondaremos en el tema de la descendencia de Abraham.

Es importante aclarar que esa multiplicación de Dios no es crecimiento de Dios, porque Dios no crece ni se multiplica en varios dioses. Se trata de *las matemáticas de Dios* en que su multiplicación siempre da uno, es decir, un solo Dios, el mismo y único Dios.

De todo lo señalado arriba, dos muy importantes corolarios o conclusiones son las siguientes:

1. *Cuando el hombre entrega su esencia, o sea, su alma a Jesucristo; el Señor a cambio le entrega su propia esencia, le entrega su esencia divina, su Deidad.*
2. *Mientras que el Dios Alfa es uno en tres, un Dios en tres personas -Padre, Hijo y Espíritu Santo-, el Dios Omega es uno en muchos. Es un Dios Padre derramado en una esposa y muchos hijos e hijas. Ese muchos, es infinito.*

Recuérdese que Dios le prometió a Abraham que su descendencia sería como las estrellas del cielo y como la arena innumerable que está a la orilla del mar, lo que es una manera de decir que su descendencia sería infinita.

La conclusión es que el Dios Omega es *un Dios de descendencia infinita*, porque por el *Principio del holograma*, se habrá dispensado y multiplicado infinitamente a sí mismo en sus hijos e hijas, mientras sigue siendo uno y el mismo Dios.

9.3 **Más Sobre Jesucristo**

El Hijo de Dios, siendo Él también Dios, vino al mundo como hombre para abrir un nuevo camino al ser humano hacia su Padre y, para convertirse en la primicia de lo que sería el pueblo de Dios, es decir, de lo que serán los hijos del hombre que, siendo humanos, llegarían a tener la plenitud de Dios. Dicho claramente:

Jesucristo siendo hijo de Dios llegó a ser hijo de hombre para convertirse en el Camino, para que los hijos de los hombres lleguen a ser hijos de Dios.

De modo que, Jesucristo vino al mundo a restaurar el estado del hombre, es decir, a rescatarlo, transformarlo y a abrirle un nuevo camino hacia Dios. Un nuevo camino de Vida, un nuevo camino para que pudiera ser adoptado como hijo. Porque con la caída de Adán y Eva, el camino directo a la Vida se había cerrado para el hombre, por lo que el único camino directo que tenía el hombre, lo conducía a la muerte.

Por eso, cuando Jesús declaró que Él vino a traer el Reino de Dios al mundo, en realidad lo que trajo consigo al mundo fue a Dios mismo. Asimismo, antes de partir, prometió al hombre que le enviaría de nuevo a Dios por medio del Espíritu Santo, el *pedazo del holograma de Dios*, para que more con él en su corazón para siempre. Pero no en el corazón de todos los hombres, sino en el corazón de todo aquel que le reconoce, confiesa y le recibe como su Señor y salvador.

Lo que Jesús proclamaba insistentemente es que Dios mismo había llegado para acercarse de nuevo a los hombres.

De esta manera, el Reino de Dios no es un lugar, no es un territorio, no es un grupo de súbditos, no es ni siquiera un santuario. El Reino de Dios es Dios mismo en todo su esplendor y majestad. El Reino de Dios es el gobierno de Dios. Este concepto se establece en forma clara cuando Jesús lo declara en Mateo 12:28 y Lucas 17:20-21:

> *Pero si yo por el Espíritu de Dios echo fuera los demonios, ciertamente ha llegado a vosotros el reino de Dios.* (Mateo 12:28).

> *Preguntado [Jesús] por los fariseos, cuándo había de venir el reino de Dios, les respondió y dijo: El reino de Dios no vendrá con advertencia, ni dirán: Helo aquí, o helo allí;* ***porque he aquí el reino de Dios está entre vosotros.*** (Lucas 17:20-21).

De esta manera, Jesús es simultáneamente Dios y hombre y, les decía que con Él y en Él estaba el Reino de Dios en medio de ellos, que ciertamente, Él mismo es el Reino de Dios en medio de ellos. Lo anterior, porque Jesús había traído el Reino de Dios a los hombres. Por lo tanto, a partir de la muerte y resurrección de Jesucristo, cuando una persona acepta y recibe al Señor en su corazón, por el *Principio del holograma*, el Señor traslada su Reino consigo a morar con esa persona en su corazón, para reestablecerse de nuevo en su trono; consecuentemente, la *Infraestructura Infinita* que tiene instalado todo ser humano en su corazón, se enciende, se aviva y recibe a Dios por medio de su Espíritu Santo en lo que antes era su trono vacío.

¿No es extraordinario, que el Eterno vuelva a ocupar su trono establecido, pero ahora encendido, iluminado y avivado en el corazón de cada creyente? ¡Asombroso!

Otro propósito de Dios con el envío de Jesucristo es que Él se convirtiera en un modelo para el hombre, un modelo a seguir, es decir, un camino "visible" para llegar al Reino invisible y eterno de Dios.

9.4 Jesús: El Líder Espiritual Versus el Líder Político-Militar

Jesús no tuvo la aceptación amplia y generalizada que muchos suponen tendría la llegada del hijo de Dios, sobre todo, entre los israelitas que representaban el pueblo de Dios de la época. Porque estos, habiendo estado bajo el yugo y la dura opresión de muchos pueblos e imperios en diferentes períodos de la historia, entre los cuales están: el Imperio Egipcio, el Babilónico, el Imperio Persa o Aqueménida, el Reino Asirio y, en el tiempo de Jesús, el Imperio Romano; siempre esperaban la mano de su Dios para liberarlos, es decir, una vez más, estaban a la espera de un líder que los librara de la opresión, esta vez de los romanos. Pero Jesús en realidad no vino a cumplir ese papel al que estaban históricamente acostumbrados cada vez que se encontraban bajo la opresión de otros pueblos.

Para corroborar lo anterior, vale recordar que, durante la época de los Jueces, ante los continuos actos de desobediencia a Dios, los israelitas estaban acostumbrados a clamar a Jehová (YHWH) y que Él les enviara un libertador. En este caso, un juez (líder) que los librara de las manos de su opresor.

Ejemplo de lo anterior son los siguientes dos casos en Jueces 3:7 al 15:

Hicieron, pues, los hijos de Israel lo malo ante los ojos de Jehová, y olvidaron a Jehová su Dios, y sirvieron a los baales y a las imágenes de Asera. *Y la ira de Jehová se encendió contra Israel, y los vendió en manos de Cusan-risataim rey de Mesopotamia;* ***y sirvieron los hijos de Israel a Cusan-risataim ocho años.***

Entonces clamaron los hijos de Israel a Jehová; y Jehová levantó un libertador a los hijos de Israel y los libró; esto es, a Otoniel *_hijo de Cenaz, hermano menor de Caleb.*

Y el Espíritu de Jehová vino sobre él, y juzgó a Israel, y salió a la batalla, y Jehová entregó en su mano a Cusan-risataim rey de Siria, y prevaleció su mano contra Cusan-risataim.

Y reposó la tierra cuarenta años; y murió Otoniel hijo de Cenaz.

Volvieron los hijos de Israel a hacer lo malo ante los ojos de Jehová; *y Jehová fortaleció a Eglón rey de Moab contra Israel, por cuanto habían hecho lo malo ante los ojos de Jehová.*

Este juntó consigo a los hijos de Amón y de Amelec, y vino e hirió a Israel, y tomó

> *la ciudad de las palmeras. Y sirvieron los hijos de Israel a Eglón rey de los moabitas dieciocho años.*
>
> ***Y clamaron los hijos de Israel a Jehová; y Jehová les levantó un libertador, a Aod hijo de Gera**, benjamita, el cual era zurdo. Y los hijos de Israel enviaron con él un presente a Eglón rey de Moab.* (Jueces 3:7-15).

De esta manera y, con un pasado lleno de libertadores político-militares, esperaban que Jehová su Dios les salvara una vez más con un libertador tradicional; pero, en este caso específico del Imperio Romano, un libertador que los librara de la opresión y de la ocupación a la cual estaba sometido su territorio. Esperaban una vez más, un hombre fuerte, un líder político-militar que, en lo natural, los librara del fuerte yugo y opresión a la que estaban sometidos por los romanos. Esto a la usanza en que Dios les había enviado a Moisés para rescatarlos del yugo de los egipcios, es decir, no entendieron que esta vez, el verdadero propósito de la promesa de Dios de enviarles un libertador, se trataba de un salvador de sus almas.

Esto es muy relevante porque Cristo más bien vino a salvarlos espiritualmente, **a salvar sus almas**, a salvarlos de la muerte eterna, es decir, Él vino para darles Vida, *Vida Eterna.* Esta diferencia entre las expectativas del pueblo de Israel y los propósitos de Dios para enviar a su hijo como su salvador, ha tenido consecuencias que se extienden hasta el día de hoy.

9.4.1 *Una muerte que trae Vida*

La "muerte" de Jesucristo le trajo Vida a la humanidad, pues al cargar con todos los pecados de los seres humanos en la cruz, estos murieron al pecado con Él y, su resurrección posibilitó el nacimiento del hombre a la Vida.

Por eso, cuando una persona acepta a Jesucristo como su Señor y salvador, se une a Él en su "muerte"; entonces, "muere" con Él al pecado y nace a la Vida, a la *Vida Eterna* con su resurrección.

Es así que, una vez que el hombre acepta a Jesucristo como su Señor y salvador, la poderosa sangre de Jesucristo inmediatamente adquiere eficacia y lo limpia de todos sus pecados: pasados, presentes y futuros y, lo redime, lo rescata de las garras de la muerte. Ese es el verdadero milagro de la sangre de Jesucristo, lo que no podía lograr la sangre de infinidad de animales sacrificados. No obstante, es importante señalar que su vieja naturaleza, el "viejo hombre" no muere inmediatamente. Este aún "vive"; aunque a menor intensidad dentro del nuevo hombre espiritual. El viejo hombre "vive" al amparo de la carne. Sin embargo, no puede trascender, porque ha sido derrotado, ha perdido su poder, porque ha sido crucificado juntamente con Jesucristo.

Por todo lo antes dicho, durante el período que va desde la caída de Adán y Eva hasta la "muerte" y resurrección de Jesucristo, el Espíritu de Dios no podía morar en el corazón del hombre y, de hecho, durante todo ese largo período, Dios no moró con ser humano alguno por la impureza de su corazón, o sea, por su naturaleza pecaminosa.

9.5 De Hombres Naturales a Hombres Espirituales

Señalo para recordar que, a partir de la caída de Adán y Eva, todo hombre nace natural; consecuentemente, vive en este mundo en forma natural. Esto es, porque por defecto (*by default*), toda persona nace en pecado, nace muerta, sin vida espiritual, siendo el pecado la muerte espiritual del hombre. En otras palabras, El ser humano nace separado de Dios, y no será, sino hasta que confiesa a Jesucristo como su Señor y salvador y lo recibe en su corazón, que la persona adquiere la Vida. Veamos lo que dice 1ª Juan 5:12:

> *El que tiene al Hijo, tiene la vida;* ***el que no tiene al Hijo de Dios no tiene la vida.*** (1ª Juan 5:12).

Sin embargo, como se señaló antes, la primera muerte del hombre que se da en su primer nacimiento es una muerte temporal, no es la muerte definitiva. Dios desea y anhela que el hombre salga de ese estado de muerte temporal en que se encuentra desde que nace y pase a un estado de Vida, a un estado de *Vida Eterna*, de pura Vida. Pero, aunque el Señor lo desea y lo anhela fervientemente, Dios no obliga, coacciona ni fuerza al hombre, sino le deja ejercer su libre albedrío para que él mismo decida y escoja si desea seguir en el estado de muerte en que se encuentra o por el contrario, desea vencer a la muerte, naciendo de nuevo; pero esta vez, naciendo a la Vida por medio de Jesucristo quien es el Camino que Dios pone delante de todos los hombres para llegar al Reino de Dios y alcanzar *Vida Eterna*.

Por lo tanto, es hasta que el hombre recibe a Jesucristo en su corazón que nace de nuevo, nace a la Vida y, de esta manera, adquiere Vida espiritual, transformándose entonces, de un ser natural a uno espiritual, es decir, pasando de un estado de muerte a un estado de Vida, de *Vida Eterna.*

Precisamente porque el hombre nace muerto espiritualmente, es que Jesús vino para darle Vida. Veamos lo que dice Jesucristo en Juan 10:10:

> *El ladrón no viene sino para hurtar y matar y destruir;* ***yo he venido para que tengan vida****; y para que la tengan en abundancia.* (Juan 10:10).

Es así como, a partir de la caída de Adán y Eva, la única manera en que una persona puede calificar para ser Hijo de Dios, es decir, calificar para formar parte de su familia, o sea, de su descendencia, es que tenga un doble nacimiento:

1. *Un primer nacimiento que es natural porque el hombre nace muerto espiritualmente y,*
2. *Un segundo nacimiento que es espiritual, en que el hombre es engendrado por el Espíritu Santo de Dios, quien lo vivifica, levantándolo de su estado de muerte y elevándolo a un estado de Vida.*

Una vez que el hombre es levantado de la muerte a la Vida en su segundo nacimiento, entonces la muerte ya no lo puede vencer, porque con ese segundo nacimiento, él ha vencido a la muerte. Pero quien realmente venció a la muerte por él es Jesucristo cuando la derrotó resucitando al tercer día. Por eso, antes de la resurrección de Jesucristo, no había segundo nacimiento para los seres humanos, pues la muerte no había sido vencida. Por eso Dios tuvo que proteger a todos los justos que durmieron entre el período que va desde la caída de Adán y Eva hasta la "muerte" y resurrección de Cristo. Porque como ya se dijo, Dios los guardó en un lugar especial, el Paraíso, para que esperaran su segundo nacimiento que Cristo les habría de dar. Ahora bien, **como Jesús en su condición de hombre es el primer ser humano que habiendo vencido a la muerte llegó al Padre, por eso Él es el Primogénito de entre los muertos.**

Hechos 26:23 lo señala de la siguiente manera:

> *Que el Cristo había de padecer, y* ***ser el primero de la resurrección de los muertos****, para anunciar luz al pueblo y a los gentiles.* (Hechos 26:23).

Pues bien, al ser Jesús el Primogénito de Dios, su condición de primogénito lo convierte en el *hermano mayor de todos los hijos de Dios, o sea, de todos los creyentes* quienes somos sus hermanos menores y como todo buen hermano mayor, Él defiende, apoya y ayuda a sus hermanos menores.

Por otro lado, es importante señalar que, al nacer de nuevo, el hombre cambia de domicilio porque su residencia es trasladada del reino de las tinieblas al Reino de Dios, es decir, su nueva residencia pasa a ser Dios mismo, el Dios Omega.

El apóstol Pablo lo señala así, en Colosenses 1:13 y 3:3:

> *El cual* ***nos ha librado de la potestad de las tinieblas, y trasladado al reino de su amado Hijo.*** (Colosenses 1:13).

> *Porque habéis muerto, y* ***vuestra vida está escondida con Cristo en Dios***. (Colosenses 3:3).

Asimismo, al cambiar su residencia al Reino de Dios, el creyente adquiere gran poder. Sin embargo, muchos siguen actuando como si estuviesen vencidos, sin reconocer que, al nacer de nuevo, son vencedores porque han recibido el poder de Dios y, que dicho poder es inmensamente más grande que cualquier otro poder fuera de ellos. 1ª Juan 4:4 lo tipifica de la siguiente manera:

> *Hijitos, vosotros sois de Dios, y los habéis vencido;* ***porque mayor es el que está en vosotros, que el que está en el mundo***. (1ª Juan 4:4).

9.6 **La Muerte**

¿Y qué es la muerte?, ¿por qué se ha especulado tanto sobre ella y por qué hay tanta confusión al respecto?

En primer lugar, es preciso distinguir dos tipos de muertes en relación al tiempo:

1. *La muerte temporal y,*
2. *La muerte eterna o definitiva*

9.6.1 ***La muerte temporal***

La muerte temporal es la separación transitoria o provisional entre el Espíritu de Dios y el alma del hombre. Es en esta condición que nace toda persona, o sea, en un estado de muerte temporal.

9.6.2 ***La muerte eterna o definitiva***

La muerte eterna es la separación perpetua, permanente y definitiva entre el Espíritu de Dios y el alma del hombre. Es en este estado en que permanece toda persona cuando abandona ese mundo sin haber confesado, aceptado y recibido a Jesucristo como su Señor y salvador.

Por otro lado, se suele confundir la muerte espiritual o del alma con la mal llamada muerte física o del cuerpo, siendo estas muy diferentes **por cuanto, técnicamente no existe la muerte física, dado que, el verdadero concepto de muerte tiene que ver con la separación del Espíritu de Dios con otra esencia espiritual, en este caso con el alma del hombre**. Porque el Espíritu de Dios no puede unirse a cuerpo físico alguno, por lo que no puede haber expectativa alguna de que se separe de él. Dicho de otra manera, las cosas físicas o materiales no pueden sufrir muerte porque ya están muertas por cuanto la Vida, o sea, el Espíritu de Dios no está en ellas al estar estas separadas de Dios por la eternidad.

9.6.3 ***La muerte por separación del alma***

Desde el punto de vista de la separación del alma, hay dos tipos de muertes:

- *La muerte por separación del alma del pecado y,*
- *La muerte por separación del alma del Espíritu de Dios*

La muerte por separación del alma del pecado se da cuando una persona muere al pecado, es decir, cuando se separa del pecado. Dicho de otra manera, al separarse del pecado, el hombre se une al Espíritu Santo en cuyo caso, esta muerte lleva a la Vida. La muerte por separación del pecado y que conduce a la Vida, se tipifica en Colosenses 3:3 así:

> ***Porque habéis muerto*** **[separado del pecado]**, *y vuestra vida está escondida con Cristo en Dios.* (Colosenses 3:3).

Por lo tanto, cuando Jesús cargó en la cruz los pecados de toda la humanidad sobre sí, lo que realmente hizo fue separar los pecados del hombre y bajó con ellos al Seol, y luego se separó de ellos para resucitar a la Vida.

De esta manera, es fundamental que se entienda claramente que, **la muerte al pecado o separación del pecado es la unión con Dios, que es la Vida. Mientras la unión al pecado que es la separación de Dios, es la muerte.**

La muerte por separación del alma humana del Espíritu Santo de Dios, puede ser una muerte temporal o eterna.

> Una conclusión fundamental es que todo ser humano está siempre simultáneamente unido y separado, es decir, si está unido al pecado, entonces está separado de Dios y, si está unido a Dios, entonces está separado del pecado.

9.6.4 *La "muerte física" o del cuerpo*

A pesar de lo expresado anteriormente, se ha consignado la palabra muerte física entre comillas ["muerte física"], para efectos de simplificar la explicación ante la costumbre generalizada de llamar muerte física a lo que en realidad es el cese de las funciones biológicas en un cuerpo físico. Porque como ya se dijo, estrictamente hablando, no existe la muerte física. La mal llamada "muerte física" o del cuerpo, es el proceso mediante el cual se produce un cese de las funciones biológicas en el cuerpo de una persona; consecuentemente, se da una separación definitiva entre el alma y el cuerpo.

Si se trata de un creyente, su alma vivificada en unión con el Espíritu Santo abandonará su cuerpo. Pero si se trata de un incrédulo o impío; entonces, su alma abandonará su cuerpo sola y en tinieblas, y en ambos casos, el cuerpo regresa al universo, concretamente al polvo de la tierra de donde procedió y a donde pertenece. Por lo tanto, es preciso subrayar que la "muerte física" o del cuerpo de las personas, no implica necesariamente su muerte espiritual, o sea, la muerte de su alma. Esto por cuando todos los salvos en Cristo que dejan este mundo sufren la mal llamada "muerte" física, no así de muerte espiritual.

9.6.5 *La muerte espiritual o del alma*

La muerte espiritual o del alma es el estado en que el alma de una persona está separada del Espíritu de Dios. Esta separación, como se dijo antes, puede ser temporal o eterna.

La verdadera muerte del hombre se da cuando muere su alma, o sea, cuando se da la separación definitiva entre su alma y el Espíritu Santo. Como vimos antes, puede darse la llamada "muerte física", sin muerte espiritual. Este es el caso típico cuando el creyente abandona este mundo. Asimismo, puede haber muerte espiritual sin la mal llamada muerte física. Este caso que se da en toda persona desde que nace hasta que acepte a Jesucristo como su Señor y salvador, que es el momento en que esta abandona su estado de muerte espiritual para entrar en un estado de Vida, de Vida espiritual o Eterna.

De hecho, cuando un creyente abandona este mundo, se produce su llamada muerte física, o sea, el cese de sus funciones biológicas, no así su muerte espiritual, por cuanto su alma está más viva que nunca.

Definición:

Muerte es toda separación temporal o eterna del Espíritu Santo de Dios y el alma humana.

Por consiguiente, muerto está todo lo que está separado de Dios, por esta razón, dado que el hombre nace en pecado, nace separado de Dios; consecuentemente, nace muerto. Sin embargo, esta primera muerte que experimenta las personas al nacer, como se dijo antes, es una muerte temporal, no es la muerte definitiva.

Pero si una persona abandona este mundo sin haber aceptado al Señor Jesucristo como su Señor y salvador, entonces la muerte temporal que la acompañó toda su vida desde su nacimiento, se convierte en una muerte definitiva. Lo anterior, por la separación definitiva y permanente entre el Espíritu Santo y su alma.

Ahora bien, es importante recordar una vez más que antes de la caída de Adán y Eva, no existía la muerte. No existía sencillamente porque ellos estaban unidos a Dios y Él estaba unido a ellos en cohabitación por medio de su Espíritu Santo. No fue, sino hasta su caída por desobediencia que "nació" la muerte, es decir, que empezó a darse "algo" dentro del hombre que lo separó de Dios y que a Él le impidió seguir unido al hombre. Ese "algo" como sabemos, es el pecado.

Luego, la muerte "creció o aumentó" porque se apoderó del hombre, o sea, de toda la especie humana y, así el hombre pasó de la Luz a las tinieblas, de un estado de Vida plena con Adán y Eva, a un estado de muerte que empezó con su caída y que siguió arrasando a gran parte de la humanidad hasta hoy. Tanto así que, antes de la muerte y resurrección Jesucristo, la muerte era invencible porque ningún ser humano había vencido a la muerte; por el contrario, hasta entonces, la muerte había vencido a todas las personas al nacer. Pero Jesús fue el primer hombre que finalmente venció a la muerte, y como vencedor de la muerte, Jesús le dio al ser humano la opción de una revancha, es decir, la opción de un segundo nacimiento para que él también derrote definitivamente a la muerte.

Sí, Jesús dio a los seres humanos una revancha con la posibilidad de derrotar a la muerte, porque esta había vencido y, sigue venciendo a todos los hombres en el primer enfrentamiento entre ellos. Enfrentamiento que se da durante el primer nacimiento del hombre. Porque con el segundo nacimiento, Jesús rescata y protege al hombre de la muerte y, por lo tanto, esta perdió toda potestad sobre él. De esta manera, el hombre pudo dar una vuelta en "U" y pasar de las tinieblas a la Luz, de la muerte a la Vida; consecuentemente, el hombre pudo volver a unirse a Dios.

Jesús fue el primero que venció a la muerte y llegó a la Luz, llegó a Dios y, luego, le han seguido todos los que estuvieron en el Paraíso. Después, todos los creyentes quienes, habiendo aceptado a Jesús como su Señor y salvador, han partido de este mundo.

Por eso se ha dicho tantas veces que todas las personas

que tuvieron un doble nacimiento al partir de este mundo, solo han sufrido una muerte, es decir, la muerte que tuvieron al nacer; mientras todas las personas que tuvieron un solo nacimiento al partir de este mundo, sufren dos muertes, o sea, la que sufrieron al nacer [una muerte temporal] y la muerte que sufren al partir de este mundo [su muerte eterna o definitiva].

La afirmación anterior, sin lugar a dudas es correcta y, la mayoría de los creyentes están familiarizados con ella. Lo nuevo que hay que señalar al respecto es que la primera muerte se da justo al nacer, porque toda persona al nacer, por el pecado original o adánico, nace separada de Dios. Por consiguiente, sin el *pedazo del holograma de Dios* en su corazón, es decir, nace espiritualmente muerta.

Entiéndase entonces que el hombre nace muerto y esa es su primera muerte, la que sufre toda persona al nacer, y esta primera muerte que experimenta el hombre al nacer es una muerte temporal. Lo anterior es lo que explica claramente por qué Jesús es el primero que venció a la muerte. Porque Él tuvo un triunfo aplastante sobre la muerte al vencerla, tanto al nacer, como al partir de este mundo.

9.6.6 *Las dos victorias de Jesús sobre la muerte*

Como se dijo antes, Jesús es el primero que venció a la muerte porque es la única persona que la venció dos veces, o sea, es el único que ha tenido dos victorias sobre la muerte y ninguna derrota en contra (2 a 0). Es la única persona a quien la muerte no pudo vencer en ninguno de sus dos enfrentamientos.

El primer enfrentamiento fue al nacer, allí Jesús venció a la muerte porque al nacer como hijo de Dios, nació con el Espíritu Santo morando con Él en su corazón, es decir, nació con su *pedazo del holograma de Dios*. Nació con una condición similar a la de Adán y Eva cuando estos fueron creados, dígase la condición que disfrutaban antes de su caída. Por lo tanto, Jesús no nació espiritualmente muerto como todos los seres humanos que nacen en pecado. De esta manera, la muerte sufrió su primer revés en manos de Jesucristo quien la venció durante su nacimiento.

El segundo enfrentamiento fue al "partir" de este mundo, en donde Jesús va a derrotar a la muerte nuevamente y en forma definitiva. Por segunda vez derrota a la muerte, resucitando al tercer día y, esta es la derrota más conocida que el Señor le propinó a la muerte. Sin embargo, ambas son igualmente importantes y significativas para el futuro de la humanidad.

De esta manera, las dos victorias de Jesús sobre la muerte: la primera durante su nacimiento o llegada a este mundo y, la segunda durante su partida del mundo, es lo que lo acredita como la primera persona que venció a la muerte. Por lo tanto, la muerte no pudo con Él, ni al nacer ni al partir, convirtiéndolo en la única persona que del todo no conoció muerte. Otra manera de declarar esa aplastante victoria de Jesucristo sobre la muerte, es declarando que Jesús es el único hombre que no conoció pecado.

El diablo sabía que Jesús había derrotado a la muerte en su primer encuentro, por lo tanto, sabiendo eso, preparó estratégicamente la estocada final para que la muerte lo venciera en la cruz. Pero Jesús volvió a vencer a la muerte por segunda vez y en forma definitiva.

Es de suma importancia rescatar el siguiente hecho fundamental que se dio en la segunda victoria de Jesús sobre la muerte: el milagro que se dio con su sacrificio en la cruz, pues allí echó sobre sí todos los pecados del mundo. Este acto de gran misericordia de Jesús para con la humanidad hizo que el Padre lo abandonara temporalmente. En Mateo 27:46 lo siguiente sucedió cuando Jesús estaba en su condición de cien por ciento humana:

> *Cerca de la hora novena, Jesús clamó a gran voz, diciendo:* ***Elí, Elí, ¿lama sabactani?*** *Esto es: Dios mío, Dios mío, ¿por qué me has desamparado?* (Mateo 27:46).

Esto es significativo, porque Jesús expiró como hombre y resucitó como hombre, venciendo a la muerte en forma definitiva.

Es importante aclarar que cuando la Biblia habla de la muerte de Jesucristo y, afirma que murió por el pecado del hombre, porque el Padre lo envió para que fuera sacrificado por el pecado del hombre, no se refiere a la muerte de su alma humana, o sea, no se trata de una muerte espiritual, se refiere a que Jesucristo vino a morir al pecado del hombre, vino a cargar sobre sí el pecado de toda la humanidad. Se trata de esa muerte cuando se dice que Jesucristo murió en la cruz. Por consiguiente, cuando se dice que Cristo murió al pecado, lo que en realidad se está afirmando es que él tomó el pecado de toda la humanidad sobre sí y con su sacrificio, es decir, con su propia sangre nos limpió. Recuérdese que Jesús es el único hombre, la única persona que nació al mundo sin conocer muerte durante su nacimiento, porque nació con el Espíritu Santo en su corazón y, con su sacrificio, cargó el pecado ajeno, el pecado de toda la humanidad. Es a ese proceso en el que Jesús carga el pecado del hombre al que se refiere cuando se dice que "murió por el pecado del hombre".

En realidad, el Señor vino a este mundo, entre otras cosas, para convertirse en la muerte de la muerte. Ya en Oseas 13:14, el profeta lo había anunciado de la siguiente manera:

> *De la mano del Seol los redimiré, los libraré de la muerte.* ***Oh muerte, yo seré tu muerte;*** *y seré tu destrucción, oh Seol; la compasión será escondida de mi vista.* (Oseas 13:14).

De manera que, una vez que el Señor limpió al ser humano de todos sus pecados, librándolo de la muerte; a partir de ese momento, basta que el hombre acepte a Jesucristo como su Señor y salvador para que él también muera a sus pecados y resucite a la Vida con Jesucristo.

Fue así como, Jesucristo abrió un camino por medio de su sangre para que el hombre fuera limpio de todos sus pecados pasados, presentes y futuros, es decir, para que el hombre también muriera al pecado. Otra manera de entender lo de morir al pecado, es equipararlo con separase del pecado.

Asimismo, se dice que el hombre habiendo ***muerto a la Vida*** con el primer Adán; ***resucita a la Vida*** con Cristo, quien es el último Adán.

Es claro entonces, que todo hombre (varón y hembra) nace muerto, por lo que de ninguna manera este es templo del Espíritu Santo, porque en él no mora el Espíritu de Dios. Eso sí, al nacer reúne todas las condiciones, o sea, tiene la ya mencionada *Infraestructura Infinita* dentro de su corazón para que el Espíritu Santo venga a morar con él y en él. Pero no será, sino hasta que acepte al Señor Jesucristo como su Señor y salvador, que el Espíritu Santo de Dios viene a morar con él, transformándolo de un ser natural muerto, a un ser espiritual vivo. Es hasta entonces que el hombre adquiere la imagen y semejanza de Dios y, se convierte en Templo del Espíritu Santo por tener al Espíritu de Dios morando con y en él, o sea, por tener el *pedazo del holograma de Dios* en su corazón.

Así las cosas, el hombre al nacer, nace muerto con el corazón apagado, en tinieblas, oscuro y sin la Luz. Pero él no tiene por qué permanecer en ese estado. Es más, ese estado no es la condición para la cual Dios creó al hombre. Esta primera muerte es temporal, porque basta que ejerza su libre albedrío y acepte a Jesucristo como su Señor y salvador para que inmediatamente, su corazón sea encendido y la Luz de Dios resplandezca en él.

La muerte solo es temporal, la Vida es eterna; 1ª Corintios 15:26 lo reafirma de la siguiente manera:

*Y el postrer enemigo que **será destruido es la muerte**.* (1ª Corintios 15:26).

Antes de ese sacrificio final que hizo Jesucristo por el hombre, no había manera de que este fuese limpiado permanentemente de sus pecados. Se hacían limpiezas temporales con el sacrificio de animales, lo que permitía a Dios acercarse al hombre de manera muy limitada, y como dicha limpieza duraba muy poco, entonces, los sacrificios tenían que ser constantes y continuos. Pero con el sacrificio de Jesucristo, su sangre derramada posibilitó una limpieza total, permanente y definitiva del pecado del hombre.

Lo impresionante del milagro de la sangre de Jesucristo, es que esta sigue limpiando al creyente de todos sus pecados, pasados, presentes y futuros, es decir, su efecto es permanente y eterno, lo que hace que el creyente luzca siempre limpio de pecados; consecuentemente, santo delante de Dios.

9.7 El Misterio de la Sangre de los Sacrificios

Como se dijo antes, en el período que se extiende entre la caída de Adán y Eva hasta antes de la muerte y resurrección de Jesucristo, el hombre tenía que realizar interminables sacrificios de animales para derramar su sangre con el propósito de limpiar sus pecados para extender su vida. Sin embargo, el efecto de dichos sacrificios era efímero, lo que explica la frecuencia con que los mismos tenían que hacerse y lo interminable de los mismos. Ahora bien, ¿cuál es el misterio que encierra la sangre de los sacrificios?

Resulta que el ser humano para entonces tenía una naturaleza pecaminosa, por lo tanto, estaba lleno de pecados los cuales, no solo lo separaba, sino lo alejaba más y más de Dios, y lo acercaban cada vez más a la muerte, a su muerte definitiva o eterna. Por eso Dios, por medio de la sangre derramada de los animales sacrificados, tomaba la vida que está en su sangre de los animales para extender la vida de los hombres. En otras palabras, se trataba de intercambiar vida por vida, a fin de aplacar la ira de Dios ante los constantes pecados, rebeliones y transgresiones de los hombres. Es importante aclarar que en ambos casos se trataba de vida natural, o sea, de tomar la vida natural en la sangre de los animales para intercambiarla por la vida natural de los hombres. En otras palabras, **con el sacrificio de animales, Dios intercambiaba vida por vida, es decir, usaba la vida que está en la sangre de los animales para extender la vida de los hombres y, así, alejarlos de la muerte**.

En Levíticos 17:11, el Señor señala claramente que la vida está en la sangre, veamos:

> ***Porque la vida de la carne en la sangre está, y yo os la he dado para hacer expiación sobre el altar por vuestras almas;*** *y la misma sangre hará expiación del hombre.* (Levíticos 17:11).

Lo anterior explica por qué Dios aborrece a los ídolos y a los dioses falsos; así como, por qué es un Dios celoso. Por lo tanto, aclara; asimismo, la razón por la que prohíbe a su pueblo los sacrificios a los ídolos y a los dioses de los hombres. **Esto por cuanto dichos ídolos o dioses no ven, no oyen, no sienten y, sobre todo, no son capaces de cambiar la vida que está en la sangre de los animales sacrificados por vida humana.** Por lo tanto, ese sacrificio es vano y malogra la vida que está en la sangre que ha sido creada por Dios. Dichos sacrificios son aún más abominables si se trata de sacrificios humanos, los cuales ni siquiera Dios exigió, porque lo tenía celosamente reservado para un solo caso, el de Jesús, su propio hijo.

Dado el infinito amor de Dios por el ser humano, por ser la obra maestra de su creación y, por ser parte fundamental de su plan para formar su familia, entonces, el Señor tomó la dramática decisión de enviar a su propio hijo para que Este sea sacrificado para rescatar al hombre del pecado de una vez por todas y, así, salvarlo de la muerte.

9.7.1 *¿Por qué con la sangre de Jesús el sacrificio fue perfecto?*

Ya se dijo que la vida está en la sangre y que Dios cambiaba la vida que está en la sangre de los animales por la vida del hombre para extenderla y protegerlo de la muerte.

Ante el efecto efímero o pasajero de la sangre de los sacrificios de animales, Dios decidió enviar a sacrificar a su Hijo Jesús, sabiendo que, al ser Hijo de Dios, tiene *Vida Eterna*. Por lo tanto, contrario a lo que ocurría con la sangre de los sacrificios de animales, su sangre daría Vida, o sea, *Vida Eterna* a los hombres.

Es así como, el sacrificio de Jesús limpió al hombre de todos sus pecados pasados, presentes y futuros, dándole *Vida Eterna.* Sin embargo, hay que recordar que, para viabilizar esta nueva fase del plan de Dios, prevalecía una condición insoslayable desde que Dios creó al hombre [Adán y Eva] y, es que este siempre tiene que ejercer su libre albedrío para alcanzar la *Vida Eterna* que Dios le ofrece por medio del sacrificio de su Hijo.

Por todo lo anterior, el misterio de la sangre de los sacrificios, es que permite a Dios sustituir la vida pecaminosa del hombre por la vida que está en la sangre de los animales y, así, aplacar su ira y acercarlo a Dios. Sin embargo, en el caso de los sacrificios de animales, el efecto de la vida que está en su sangre es efímera, breve, fugaz. Pero en caso del sacrificio de Jesús, el Hijo de Dios, el efecto de la Vida en su sangre es permanente porque es *Vida Eterna.*

9.8 **¿Y Qué es Realmente Vida?**

¿Qué es Vida?, ¿y por qué los hombres no le han dado la suprema importancia que esta, realmente tiene?

Definición:

Vida, o sea, Vida Eterna, Inmortalidad o Luz Eterna es la esencia misma de Dios y, solo está en Él.

No existe Vida fuera de Dios. Lo que comúnmente el hombre llama vida, no es más que la condición que permite a todas las criaturas de Dios, ejercer sus funciones biológicas y utilizar sus sentidos naturales dentro del mundo físico o universo. Vida solamente existe en Dios y, en Él está la totalidad de la Vida, porque fuera de Él no la hay. Vida es la esencia misma de Dios y ninguna criatura tiene Vida hasta que reciba la esencia de Dios, quien es el único que la tiene y el único que la puede dar o dispensar. **Lo más extraordinario e impresionante es que aun cuando Dios da Vida, esta permanece dentro de Él. Porque Vida no puede salirse de Dios, al igual que Dios no puede salirse de sí mismo**. Por eso, todo lo que no comparte la esencia de Dios, no tiene Vida y, todo lo que no tiene Vida, está separado de Dios; consecuentemente, todo lo que está separado de Dios está muerto.

Otra maravillosa característica de la Vida que solo está en Dios, es que esta convierte a sí misma [a Vida], o sea, a la esencia de Dios, a todo lo que esta penetra o invade. En otras palabras, Dios convierte a Vida, es decir, convierte a sí mismo, a todo aquello a lo que se une. 1ª Corintios 6:17 lo expresa muy claramente, de la siguiente manera:

> *Pero el que se une al Señor, **un espíritu es con él.*** (1ª Corintios 6:17).

Es así que, cuando el Espíritu de Dios invade el alma del creyente, lo transforma y lo convierte a su propia esencia, le da Vida, la misma Vida que está en Dios y, que es una sola. Por lo tanto, donde hay Vida, la misma está incorporada a Dios porque fuera de Dios no la hay.

Por eso, cuando una persona acepta a Jesucristo como su Señor y salvador, el Señor la lava con su sangre, es decir, con la sangre de Jesucristo, limpiándola de todos sus pecados: pasados, presentes y futuros. Luego, el Espíritu de Dios entra a morar en su corazón; concretamente, empieza a cohabitar con su alma. De esta manera, esa persona se convierte en creyente, recibe Vida, *Vida Eterna*, o sea, recibe *inmortalidad.* Así, el Espíritu Santo y su alma se fusionan en una unión indisoluble, haciendo del creyente un solo espíritu con Dios, llevando Vida a su alma, es decir, vivificándola.

Una vez que el alma del creyente es un solo espíritu con Dios, esta comparte la esencia de Dios, o sea, comparte la Vida que solo hay en Dios, esto es, su Deidad.

En otras palabras, la Vida que recibe el alma del creyente, es la misma, única Vida que solo está contenida en Dios. Porque siendo su mismísima esencia, Vida no puede salirse de Dios. Consecuentemente, no hay ni puede haber Vida fuera de Dios. Además, porque esta no puede salirse de Dios por ser Dios mismo.

Luego, la pregunta fundamental es: ¿cómo puede Vida estar en el alma del creyente sin estar fuera de Dios? La respuesta es que una vez que el alma del creyente ha sido limpiada de pecado, o sea, que el hombre muere al pecado, es decir, se separa del pecado. Su alma es vivificada y, entonces, unida y envuelta indisolublemente en Vida, queda incorporada a Dios. En otras palabras, el alma de la persona convertida a plenitud de la esencia de Dios, convertida en plenitud de Vida, o sea, en pura Vida, es escondida en Dios. Recuérdese por otro lado que, por el *Principio del holograma*, la plenitud de Dios, es decir, la plenitud de Vida está presente simultáneamente en todos los creyentes. Sin embargo, Dios sigue manteniendo su integridad y sigue siendo uno, aun estando presente simultáneamente en el corazón de todos y cada uno de sus hijos.

De allí que cuando el hombre acepta a Jesucristo y recibe al Espíritu Santo en su corazón y Este empieza a cohabitar con su alma y el hombre pasa de un estado de muerte a un estado de Vida. En Juan 5:24, Jesús reafirma claramente dicho concepto:

> *De cierto, de cierto os digo: El que oye mi Palabra, y cree al que me envió, tiene vida eterna; y no vendrá a condenación,* ***mas ha pasado de muerte a vida.*** (Juan 5:24).

Dios puso todo en manos del ser humano. Incluso, la Vida y la muerte están en sus manos. Por lo tanto, lo único que este tiene que hacer es ejercer su libre albedrío y escoger su camino; consecuentemente definir su destino.

Ahora bien, la conclusión inequívoca de que Dios es el único que tiene Vida, la explica el pasaje de Éxodo 3:13-14 cuando Moisés preguntó a Dios, ¿qué deberá responder a los hijos de Israel?, si cuando llega y les dice que el Dios de sus padres lo envía a ellos y estos le preguntan: ¿cuál es su nombre? Dios respondió a Moisés: "**Yo Soy** el que

Soy", luego agregó, así dirás a los hijos de Israel: "**Yo Soy** me envió a vosotros".

La respuesta anterior, ha intrigado a muchas personas, sobre todo por ese aparentemente extraño nombre de Dios: **Yo Soy** y, no pocas se han preguntado: ¿qué significa realmente ese nombre de Dios, **Yo Soy**?

Para empezar, es esencial recordar cuán importante y profundamente representativos son los nombres para Dios, porque un nombre refleja el carácter de quien lo lleva. Por lo tanto, **Dios se llama Yo Soy**, porque **Él es en realidad el único que "Es" y,** eso de que **"Es",** es porque **Él es el único que Vive, es decir, es el único que tiene Vida,** pues **Él es el Dios de Vida;** por consiguiente, **fuera de Él no hay Vida, o sea, fuera de Dios nada es.** Ahora bien, como todos los nombres de Dios: **Yo Soy** representa uno de sus atributos únicos y exclusivos.

Así pues, lo que Dios en realidad le dijo a Moisés es que les respondiera que *lo mandó a ellos el que Vive, el que tiene Vida, el único que tiene Inmortalidad.*

Al respecto y refiriéndose al Señor, 1ª Timoteo 6:16 y Apocalipsis 1:4, lo señala de la siguiente manera:

> ***El único que tiene inmortalidad****, que habita en la luz inaccesible; a quien ninguno de los hombres ha visto ni puede ver, al cual sea la honra y el imperio sempiterno. Amén.* (1ª Timoteo 6:16).

> *Juan, a las siete iglesias que están en Asia: Gracia y paz a vosotros,* ***del que es y que era***

> ***y que ha de venir****, y de los siete espíritus que están delante del trono; ...* (Apocalipsis 1:4).

Por otro lado, Jesús ratifica ese concepto muy claramente en Juan 14:6 cuando Tomás le dijo que si no sabían a dónde iba, ¿cómo podían saber el camino? y, Jesús le respondió lo siguiente:

> *...* ***Yo soy*** *el camino, y la verdad, y* ***la vida****; nadie viene al Padre, sino por mí.* (Juan 14:6).

9.8.1 *¿Está muerto el mundo físico o natural?*

De acuerdo con la clara definición de Vida y a todo lo expuesto anteriormente, la siguiente afirmación no debería sorprendernos. Sin embargo, removerá las entrañas mismas de todos aquellos que están totalmente inmersos en el mundo natural, o de aquellos que, con conocimientos espirituales, siguen permeados por el entendimiento del hombre natural:

> *Todo lo que no tiene a Dios, o sea, que no tiene la Vida, está muerto. Así, todas las cosas materiales están muertas, el universo con todo su esplendor, majestuosidad y magnificencia está muerto.*

Efectivamente, se puede examinar cada micrón, hendidura, grieta o cavidad, o sea, cada rincón del extenso e inconmensurable universo y en él no se hallará Vida, porque no hay Vida en él, el universo está muerto. Pero no se vaya a pensar que alguna vez tuvo Vida y murió porque perdió la Vida. De ninguna manera; es que nunca tuvo Vida, fue creado muerto. El universo es un mundo físico y visible en lo natural; pero se encuentra totalmente separado de Dios cuyo Reino es espiritual e invisible. Recuérdese que todo lo que está separado de Dios, está muerto.

9.9 **La Salvación en Jesucristo no es Automática**

Es importante señalar que fue Dios el que primero escogió al hombre, porque su deseo es y ha sido desde siempre, que todos seamos sus hijos y que formemos parte de su familia. Sin embargo, como se ha señalado tantas veces; para que esa escogencia de Dios adquiera eficacia, es preciso que el hombre corresponda a Dios, ejerciendo su libre albedrío y que acepte dicha escogencia y ofrecimiento.

Ahora bien, señalo para recordar que Dios no hace acepción de personas, porque las ama a todas por igual y, es por su gran amor que Dios desea y anhela profundamente que cada persona ejerza su libre albedrío y acepte a Jesucristo como su Señor y salvador para que, de esta manera, el Señor pueda entrar a su corazón a formar morada con cada una de ellas. Para que, por medio de su Espíritu Santo, adoptarlas como sus hijos e hijas; consecuentemente, darles *Vida Eterna*. Por lo tanto, no hay duda de que Dios no tiene favoritismos entre las personas, porque todas y cada una de ellas son muy especiales para Él.

La salvación humana es tan sencilla como esto: Dios anhela el corazón de los hombres, específicamente su alma. Sin embargo, Él deja la decisión en manos de cada persona para que resuelva si quiere salvarse o no. Si el hombre se decide por la salvación, entonces este recibe al Señor en su corazón, recibe el Espíritu Santo, es decir, el *pedazo del holograma de Dios* quien se acopla y se funde con su alma. Luego, el Espíritu Santo transforma, ilumina y aviva su alma y, cuando el hombre parte de este mundo, el mismo Espíritu Santo de Dios "lleva consigo" su alma hacia el seno de Dios. Recuerde que el Espíritu Santo, o sea, el *pedazo del holograma de Dios*, es como el *boleto, tiquete* o *pasaporte* indispensable que toda persona debe tener para ser salva, llegar al seno de Dios y alcanzar la *Vida Eterna*.

Por otro lado, si el hombre decide rechazar la oferta de Dios, no podrá recibir el Espíritu Santo y, por lo tanto, no tendrá quién transforme y restaure su alma para hacerla aceptable a Dios, dado que no tendrá el *boleto o el pasaporte* necesario e indispensable para entrar al seno de Dios. Consecuentemente, se malogrará su salvación y se perderá.

Algunas personas creen y sostienen erróneamente que el hecho de que Jesucristo cargó todos los pecados de la humanidad sobre sí en la cruz, ese sacrificio limpió y libró los pecados de todos los hombres, por lo tanto, todos alcanzarán la salvación, pase lo que pase y hagan lo que hagan. Esa creencia es absolutamente falsa y muy peligrosa, porque se trata de una mala interpretación del sacrificio de Jesús.

La realidad es que todos estábamos destituidos de la gloria de Dios, por lo que no hay forma humana de alcanzar la salvación con el estado pecaminoso en que se encuentra el hombre natural.

Lo que sí hizo el sacrificio de Jesucristo es dar a todos, sin excepción alguna, la posibilidad u opción de ser completamente limpios de todos sus pecados, pasados, presentes y futuros. Sin embargo, para que esa limpieza adquiera eficacia, o sea, para que se dé efectivamente, es preciso que cada persona acepte expresamente el ofrecimiento de Jesucristo. De nuevo, es indispensable que cada persona ejerza su libre albedrío y acepte a Jesucristo como su Señor y salvador.

9.10 La Misericordia y Gracia de Dios y la "Muerte" y Resurrección de Jesucristo

Hasta hace algunos años, muchos creyentes ponían mayor énfasis en la muerte del Señor Jesucristo que en su resurrección. Solían exaltar el valor de su sacrificio al entregar su vida para la salvación del hombre. Sin embargo, en los últimos años, ese énfasis cambió hacia su resurrección, porque se subraya que, si Jesucristo no hubiera resucitado, Él sería un Dios muerto y, por lo tanto, los creyentes no tendríamos futuro alguno. La verdad es que no se puede resaltar un hecho sobre el otro, porque ambos son expresiones del infinito amor de Dios para con la humanidad, por lo que son igualmente significativos y de igual rango, porque son como dos caras de la misma moneda.

La misericordia y gracia de Jesucristo son expresadas plenamente con su "muerte" y resurrección. Concretamente, la muerte de Jesucristo fue la expresión más grande de la misericordia de Dios para con el hombre, porque lo libró de la muerte que él merecía como castigo por sus múltiples pecados, al tomar Jesucristo sobre sí el pecado de toda la humanidad.

Por otro lado, su resurrección fue la expresión más grande de la gracia de Dios para con el hombre, porque lo vivificó y le dio la *Vida Eterna* que no merecía, pues no hay nada que el hombre por sí mismo pueda hacer para ganarse la *Vida Eterna*.

En resumen, por su infinita misericordia, Jesucristo "murió" para librarnos de una muerte que merecíamos y, por su infinita gracia, Él resucitó para darnos *Vida Eterna* que no merecemos.

Por lo tanto, como se puede ver, ninguna de las expresiones del infinito amor de Jesucristo, o sea, ni su misericordia ni su gracia, tienen preeminencia la una sobre la otra, sino como se dijo antes, son como dos caras de la misma moneda. Ambas son igualmente relevantes y fundamentales para el destino final del hombre.

9.10.1 ***El bautismo de Juan y el bautismo en Jesús***

El bautismo en agua de Juan era un bautismo simbólico muy importante porque representaba la muerte al pecado. Era un bautismo que invitaba al arrepentimiento y a tener fe en el que habría de venir [Jesucristo]. Hechos 19:4 lo señala de la siguiente manera:

> *Dijo Pablo: Juan bautizó con* ***bautismo de arrepentimiento, diciendo al pueblo que creyesen en aquel que vendría después de él****, esto es, en Jesús el Cristo.* (Hechos 19:4).

Sí, efectivamente, el bautismo de Juan representaba simbólicamente el arrepentimiento, la limpieza de corazón y la fe que debía tener el hombre en el Mesías que pronto habría de venir. Era un simbolismo o una representación del verdadero bautismo que Jesús habría de traer e instituir entre los hombres. Esto porque el bautismo de Juan no limpiaba el pecado del hombre ni lo transformaba. Porque hasta entonces, no existía sangre capaz de limpiar de una vez y para siempre el pecado pasado, presente y futuro del hombre. Limpieza que es una condición *sine qua non* o indispensable para que el Espíritu Santo, o sea, el *pedazo del holograma de Dios*, pueda entrar a morar con el hombre.

Con el bautismo en Jesucristo, sí se dan ambas condiciones: la limpieza de pecados y la consiguiente entrada del Espíritu Santo a morar con el hombre. Asimismo, el bautismo en Jesucristo deja de lado el simbolismo para convertirse en un verdadero proceso transformador del hombre. Es el proceso mediante el cual el hombre muere al pecado y nace a la Vida. Este bautismo consiste en que el hombre confiese y acepte a Jesucristo como su Señor y salvador y lo reciba en su corazón.

Además, se trata de un bautismo en el Espíritu y, con él, la Luz entra al corazón del hombre, lo enciende, lo ilumina, lo aviva y echa fuera las tinieblas, es decir, el pecado. Dicho en otras palabras, expulsa a la muerte del corazón del hombre.

Muchos creyentes asumen que el bautismo en agua de Juan es un mandamiento, aunque reconocen que no es indispensable para alcanzar la salvación. Lo que ocurre es que se confunde el bautismo en agua de Juan que como ya se dijo, es un simbolismo, con el bautismo en Jesucristo que sí es indispensable para alcanzar la salvación. Lo que es importante entender aquí es que el bautismo en agua, es decir, el bautismo de Juan es un simbolismo que no es indispensable para alcanzar la salvación. No obstante, si un creyente desea acompañar su bautismo en el Espíritu con el simbolismo del bautismo de Juan, o sea, en agua, este no le va a hacer daño. Sin embargo, el verdadero bautismo que salva y que deben procurar las personas es el que se realiza en Jesucristo. Este no necesariamente tiene que ver con agua, es el proceso de transformación milagrosa que se da en el corazón del hombre cuando confiesa a Jesucristo como su Señor y salvador.

Un caso típico y frecuente en que el hombre alcanza la salvación sin haber sido bautizado en agua, se da cuando una persona incrédula se encuentra al borde de la muerte y justo antes de partir, acepta y confiesa a Jesucristo como su Señor y salvador. Porque aun no teniendo tiempo para ser bautizada en agua, alcanza la salvación.

Finalmente, vale la ocasión para recordar las condiciones establecidas en Romanos 10:9-10 para alcanzar la salvación:

> *Que si confesares con tu boca que Jesús es el Señor, y creyeres en tu corazón que Dios le levantó de los muertos, serás salvo. Porque con el corazón se cree para justicia, pero con la boca se confiesa para salvación.* (Romanos 10:9-10).

Por lo tanto, queda claro que el bautismo en agua no es una condición o requisito para alcanzar la salvación. Sin embargo, como se dijo, no hace daño y más bien, puede servir al creyente como un simbolismo que lo compromete a someterse al cambio de vida que el Señor empieza en él por medio del Espíritu Santo, una vez que entra a morar con él dentro de su corazón.

9.11 **Las Tentaciones del Hombre**

Las tentaciones son pruebas que enfrentan las personas en este mundo a través de su vida. Con las tentaciones se pone a prueba la fe, el temple y el carácter de las personas. Además, la fe tiene por propósito salvar el alma. Esto último queda claramente establecido en 1ª Pedro 1:5 y 9:

> *Que sois guardados por el poder de Dios mediante la fe,* ***para alcanzar la salvación que está preparada para ser manifestada en el tiempo postrero.*** (1ª Pedro 1:5).

> ***Obteniendo el fin de vuestra fe, que es la salvación de vuestras almas.*** (1ª Pedro 1:9).

La tentación es natural en la vida de las personas; pero, Dios no permite que nadie sea tentado más allá de lo que puede resistir y vencer. Ahora bien, para que una persona venza la tentación, es preciso que esta mantenga una relación muy cercana con Dios.

Incluso, Jesús fue tentado; pero siempre resistió y venció la tentación y nunca cedió ante ella. La tentación es parte de lo que Dios permite en la vida de las personas para entre otros propósitos, forjar su carácter y afianzar su fe, a fin de que estas tengan oportunidad de ejercer su libre albedrío.

El diablo y los demonios suelen vigilar y escudriñar al ser humano, lo espían y lo observan detenidamente para conocer cuáles son sus principales fortalezas y debilidades. Sus debilidades para así tentarlo en las áreas en que es más débil y vulnerable, para hacerle caer en pecado y, sus fortalezas para obstaculizar la obra de Dios en él o ella, para frenar su avance en el Reino de Dios. Por eso, toda persona es tentada en sus áreas de mayor debilidad; pero a la vez, es zarandeada en sus áreas de mayores fortalezas. De esta manera, es puesta a prueba la fortaleza de su fe. De allí que toda persona es sometida frecuentemente a fuertes tentaciones especialmente en sus áreas más débiles. Algunos caen y se vuelven a levantar; pero inevitablemente todos somos tentados.

Por otro lado, **el diablo suele tentar al creyente en sus tres esencias, a saber: en su esencia física, en su esencia espiritual y en su alma**. Lo anterior se puede constatar cuando Satanás tentó a Jesús tres veces: primero en el desierto, luego sobre el pináculo del templo y una tercera vez en un monte muy alto. Veamos:

1. *Primero lo tentó en su esencia física, aprovechando que Jesús venía saliendo de un ayuno de 40 días y tenía hambre.*
2. *Luego el diablo lo tentó en su esencia espiritual, al atacar su fe y,*
3. *Finalmente fue tentado en su alma, al poner a prueba su ego y su orgullo.*

Sin embargo, en los tres casos, Jesús no solo resistió y venció la tentación, sino que lo hizo al amparo de la Palabra de Dios.

Para resistir y vencer las tentaciones, el creyente debe estar siempre alerta para estar consciente de que está siendo tentado, a fin de apoyarse en el Señor y en su Palabra y así resistir la tentación.

La razón por la que muchas personas suelen caer en tentación, o suelen dejarse vencer por ella, es porque casi siempre su relación con Dios es débil o no es lo suficientemente fuerte como para que tengan el poder, la convicción y la fortaleza necesaria para vencer la tentación. El ser tentado no es pecado, pecado es dejarse vencer por la tentación. Es más, toda persona sin excepción ha sido tentada y será tentada mientras esté en este mundo, por lo tanto, no ha existido ni existirá persona alguna que no sea tentada. Lo anterior porque como se dijo antes, la tentación es una prueba que Dios permite en la vida de las personas con el fin de fortalecer su relación con ellas, forjar su carácter y, para que ejerzan su libre albedrío.

No hay que olvidar que todo lo hace Dios, o lo permite; pero nada escapa de su soberana voluntad ni de sus propósitos y, en el caso específico de la tentación, Dios no tienta a nadie; pero sí permite que toda persona sea tentada.

La fórmula de Dios para que el hombre pueda resistir y vencer la tentación es que este se someta a Él y ore. Porque su sometimiento a Dios le dará la convicción, el poder, la capacidad y la fortaleza necesaria para resistir las tentaciones. Santiago 4:7 lo señala de la siguiente manera:

> *Someteos, pues, a Dios; **resistid al diablo, y huirá de vosotros**.* (Santiago 4:7).

Cuando el hombre se somete a Dios, recibe la fuerza y el poder necesarios para resistir y vencerlo todo: las tentaciones, los temores y, en general, todas sus debilidades. De esta manera, cuando una persona se somete a Dios, Él despliega su poder en ella por medio de su Santo Espíritu y, dado que el diablo no puede resistir el poder de Dios, este opta por huir de su presencia.

Por otro lado, para evitar entrar en tentación, el creyente debe orar. Veamos lo que dice Jesús en Lucas 22:40 y 46:

> *Cuando llegó [Jesús] a aquel lugar, les dijo: **Orad que no entréis en tentación**.* (Lucas 22:40).

> *Y [Jesús] les dijo: ¿Por qué dormís? Levantaos, y **orad para que no entréis en tentación**.* (Lucas 22:46).

Cuando el Espíritu Santo entra a morar con una persona en su corazón, el inmenso poder de Dios puede o no manifestarse en ella, dependiendo de la prioridad que esta le da al Señor en su vida, es decir, depende del lugar en que esa persona tiene a Dios en su corazón.

Frecuentemente, aun teniendo al Espíritu Santo morando en su corazón, algunas personas permiten que su naturaleza pecaminosa resurja, se levante y contriste al Espíritu Santo, el cual es "arrinconado" dentro de su corazón. En otros casos, se trata de la agenda del creyente que frecuentemente se contrapone a la agenda de Dios y, casi inevitablemente dicha agenda adquiere primacía sobre el Señor en su corazón.

Pero cuando el creyente se mengua a sí mismo permitiendo que el Espíritu Santo crezca en él y, que Este adquiera primacía en su corazón por encima de todo lo demás, es cuando recibe el poder del Espíritu Santo que crece y se manifiesta poderosamente en él y, adquiere la condición que lo empodera y le permite realizar prodigios y milagros como es el deseo del Señor.

Por el contrario, es el poder del diablo el que se agiganta en la vida de la persona, poder que se vuelve invencible para ella cuando se mantiene indiferente y lejos de Dios. Asimismo, ese mismo poder del diablo se vuelve completamente nulo e insignificante cuando la persona se somete a Dios.

El diablo solo tiene autoridad sobre el hombre natural, o sea, sobre el hombre muerto espiritualmente, porque no tiene autoridad sobre el creyente a no ser que él se la conceda. El creyente debe tener siempre presente que Jesucristo venció al diablo y recuperó para él la autoridad sobre todas las cosas en este mundo, autoridad que Dios dio a Adán y Eva cuando fueron creados por Él.

9.11.1 *El propósito de los tropiezos y las adversidades en la vida del cristiano*

Los tropiezos y las adversidades son consustanciales a la vida de las personas, son parte de su vida y, por lo tanto, son inevitables en su trajinar en este mundo. Algunos tropiezos y adversidades son de origen endógeno o interno, porque son generadas por las personas mismas, porque son la resultante de sus propias decisiones. Otros son de origen exógeno o externo, porque vienen de afuera; por consiguiente, ellas no suelen tener mayor control sobre los mismos.

Frecuentemente el creyente suele enfrentar las adversidades con molestia e incluso, con enojo y frustración y, muchos se preguntan: **¿por qué Dios permite los tropiezos y las adversidades en la vida del creyente?** La respuesta es muy sencilla: **porque el verdadero carácter, la templanza, la perseverancia, la compasión y la mayoría de los buenos frutos y atributos del hombre, solo se desarrollan en medio de los tropiezos y de las adversidades.** Porque al igual que solo por medio del fuego se puede purificar y refinar el oro, el fuego de la adversidad y de los tropiezos son los medios que Dios utiliza para fortalecer, purificar y refinar el carácter humano.

Por eso se ha dicho tantas veces, que las adversidades son bendiciones encubiertas o camufladas.

Ahora bien, si lo anterior es así, entonces, deberíamos de asumir una actitud menos negativa y menos pesimista, es decir, más positiva y hasta esperanzadora, cada vez que se asoma una nueva adversidad o tropiezo a nuestra vida. Si Dios permite las adversidades en la vida de las personas para su propio bien, entonces, lo deseable es que estas, incluso, celebren, por adelantado lo positivo que dichas adversidades traerán a sus vidas. ¿Y por qué no? La verdad es que debemos aprender a celebrar por adelantado las bendiciones que traerán los obstáculos, las adversidades y cada tropiezo o caída que se asoman y entran por la puerta de nuestra vida.

Después de todo, ¿qué sabemos de los propósitos del Señor al permitir dichas pruebas en nuestra vida?, ¿qué sabemos realmente? A lo mejor al igual que en el caso de su siervo Job, el Señor está tan complacido y orgulloso de nosotros que, Él acepta el reto de que seamos sometidos a prueba para ratificar la razón de su agrado y complacencia para con nosotros sus siervos y, si ese fuese el caso, ¿no sería bueno que superemos la prueba, al igual que lo hizo su siervo Job?, ¿no sería desafortunado fallar dicha prueba y "decepcionar" al Señor y entristecer y contristar su Espíritu?

Al fin y al cabo, todos los creyentes estamos informados de que es imposible peregrinar por este mundo sin aflicción. Antes bien, estamos todos advertidos por el mismísimo Señor Jesucristo que, definitivamente, debemos esperar las aflicciones. Él no nos dice que quizás, o a lo mejor, encontraremos algunos obstáculos, algunas adversidades, tropiezos, o que tendremos algunas aflicciones en nuestro peregrinaje terrenal. Por el contrario, el Señor nos asegura que definitivamente las habrá. Veamos lo que Jesús declara en Juan 16:33:

> *Estas cosas os he hablado para que en mí tengáis paz.* ***En el mundo tendréis aflicción****; pero confiad, yo he vencido al mundo.* (Juan 16:33).

El aviso del Señor es claro y sin tapujos. Lo bueno de todo esto es la esperanza que Él mismo nos da al pedirnos que solamente confiemos y tengamos paz, porque Él ha vencido al mundo.

Una vez más, se ve el carácter y el sello del Señor en las Escrituras: Él suele esperar que nosotros demostremos nuestra confianza en Él, dando el primer paso de fe. Después, el Señor entra en acción y nuestra victoria está garantizada. Ese es su sello con "tinta indeleble" que, una vez más, se pone de manifiesto en su Palabra.

CAPÍTULO 10

EL REINO DE DIOS, LAS COINCIDENCIAS Y LA DOBLE DIMENSIÓN DE LA PALABRA DE DIOS

En el Reino de Dios no hay casualidades ni coincidencias. Cuando una persona ora al Señor, le hace una petición con fe y, dicha petición está dentro de su soberana voluntad, el Señor sitúa esa petición dentro de una determinada prioridad y, en su tiempo, realiza todos los arreglos, preparativos y las conexiones necesarias para alinear personas, eventos, recursos y todos los agentes y elementos que deberán intervenir tanto en lo natural, como en lo espiritual para que dicha petición sea respondida adecuada y oportunamente.

Incluso, como Dios es omnisciente, Él sabe de antemano lo que se le va a pedir y, a menudo prepara y alinea las circunstancias mucho antes de que le hagamos la petición.

Algunos de los preparativos los hizo mucho antes de que esa persona naciera y, otros, incluso, antes de la fundación del mundo.

Estamos ante la presencia del único Dios que lo sabe todo y lo puede todo, es decir, el Dios sin el cual nada sucede sin que lo ordene o lo permita. Sin embargo, a estos actos divinos de Dios, muchas personas y muy especialmente, las incrédulas suelen llamarlos casualidades, coincidencias o suerte. En el Reino de Dios no hay suerte ni casualidades. El Señor lo coordina todo y así responde a las peticiones de las personas. Efesios 2:10 lo señala así:

> *Porque somos hechura suya, creados en Cristo Jesús para buenas obras,* ***las cuales Dios preparó de antemano para que anduviésemos en ellas***. (Efesios 2:10).

Existen tres ingredientes que el creyente debe aportar cuando realiza una petición al Señor. Estos ingredientes son los siguientes:

1. *La fe [debe pedir con fe],*
2. *La obediencia [debe ser obediente a Dios] y,*
3. *El paso de fe [debe dar el primer paso de fe].*

Si la persona no tiene fe, no pedirá con convicción, por lo tanto, no creerá en lo profundo de su corazón que recibirá una respuesta favorable a su petición. Dios quiere que en lo profundo de su corazón las personas crean que Él es, es decir, que Él existe y que ellas tengan la plena convicción de que es Todopoderoso y, consecuentemente, puede hacer cualquier cosa que esté dentro de su soberana voluntad para responder a nuestras peticiones.

Por otro lado, la Palabra de Dios es clara en cuanto a que sin fe es imposible agradar a Dios.

En cuanto a la obediencia, es lo que Dios más desea de nosotros, que le amemos, obedeciéndolo, sometiéndonos a su voluntad y guardando su Palabra. Dios no suele responder a las peticiones de la desobediencia, porque la desobediencia es una de las peores formas en que el hombre suele rechazar a Dios.

Finalmente, dependiendo de la petición que le hagamos, Dios suele esperar que nosotros demos el primer paso de fe. Un paso de fe es señal de que tenemos plena confianza en Él. Una vez que demos ese primer paso Dios responde a nuestra fe con creces, concediéndonos nuestra petición.

Un caso típico se dio cuando los sacerdotes portando el Arca de la Alianza, dieron el paso de fe entrando al río Jordán que estaba crecido. Sin embargo, antes de que sus pies tocaran el agua, Dios abrió un camino en medio de las aguas y los sacerdotes con el Arca, pasaron en tierra seca.

10.1 **La Doble Dimensión de la Palabra de Dios**

A menudo cuando Dios habla con las personas e incluso, cuando les hace alguna promesa; su Palabra, así como sus promesas casi siempre tienen dos dimensiones, a saber:

1. *Una dimensión temporal, o sea, una dimensión en el mundo físico o natural y,*
2. *Otra dimensión espiritual o eterna.*

Dicho de otra forma, la Palabra de Dios y sus promesas tienen tanto efectos temporales como efectos eternos. Esto lo hace Dios [en lo siguiente no tengo revelación, mas doy mi parecer)], para impactar la doble condición temporal y espiritual del creyente.

Uno de los problemas que ha tenido el ser humano en su relación con Dios a través del tiempo, ha sido su interpretación unidimensional de la Palabra de Dios. Esto porque el hombre casi siempre solo ha tomado en cuenta la dimensión temporal, cuando la dimensión espiritual, es decir, la eterna, es por mucho la más importante. Lo anterior ha sido así desde Abraham hasta nuestros días. Veamos algunos casos que ejemplifican esta verdad a la que debemos poner más atención.

10.1.1 *La Tierra Prometida*

Cuando Dios prometió una tierra prometida a los patriarcas Abraham, Isaac y Jacob y, luego a los hijos de Israel, en realidad, aunque Dios iba a dar a la descendencia física o natural de los patriarcas una patria física, natural o temporal aquí en la Tierra. Patria que es la misma a la cual, Josué, años después, habría de introducir al pueblo de Israel; en realidad, esa misma promesa tenía una dimensión espiritual, la cual se refería a una "tierra" o patria celestial, una morada eterna para que el pueblo de Dios morara con Él eternamente. Dicha dimensión espiritual y eterna fue en realidad la esencia y el fundamento de dicha promesa.

10.1.2 *La descendencia de Abraham*

Cuando Dios prometió a Abraham que su descendencia sería tan numerosa como las estrellas del cielo y como la arena innumerable que está a la orilla del mar; en realidad, no se refería solamente a su descendencia física o carnal que, también iba a ser muy numerosa, sino que Dios se refería especial y fundamentalmente a su descendencia espiritual, es decir, a su descendencia por la fe. En Romanos 4:11 y Gálatas 3:7,29, este concepto se expresa claramente de la siguiente manera: el Apóstol Pablo refiriéndose a Abraham en Romanos 4:11 señala lo siguiente:

> *Y recibió la circuncisión como señal, como sello de la justicia de la fe que tuvo estando aún incircunciso; para que fuese* ***padre de todos los creyentes no circuncidados****, a fin de que también a ellos la fe les sea contada por justicia.* (Romanos 4:11).

Y luego,

> *Sabed, por tanto,* ***que los que son de la fe, éstos son hijos de Abraham****.* (Gálatas 3:7).

> ***Y si vosotros sois de Cristo, ciertamente linaje de Abraham sois****, y herederos según la promesa.* (Gálatas 3:29).

Como se puede ver, al mencionar la descendencia de Abraham, en su visión eterna, Dios en realidad se refería al pueblo constituido por la totalidad de los creyentes, es decir, los verdaderos descendientes de Abraham son sus descendientes espirituales. Lo anterior explica y aclara; asimismo, el **por qué Dios le ordenó al pueblo de Israel que no se mezclara con los pueblos que estaban a su alrededor. Porque todos esos pueblos no eran descendientes de Abraham, eran descendientes de la esclavitud, por cuanto no eran de la fe de Abraham, dado que tenían y creían en otros dioses**.

Dios previno y ordenó a los israelitas que no se apartaran ni a la derecha ni a la izquierda del camino que Él les trazó y, que sus hijos no deberían tomar en matrimonio a las hijas de los pueblos vecinos, ni debían dar en matrimonio a sus hijas a los varones de dichos pueblos. Todo esto porque Dios no quería que la fe de los israelitas fuera contaminada con las creencias en los dioses paganos. No quería que Israel, su pueblo, lo abandonara a Él como su Dios y que adoptara los dioses paganos de esos pueblos vecinos.

Es importante señalar que Dios no estaba refiriéndose a la contaminación de su cuerpo, o sea, de la contaminación física, sino que se refería a la contaminación de su fe, a su contaminación espiritual, para que no se desviaran de Él. Este mandamiento de Dios a los israelitas ha sido mal interpretado por muchos que, a través de los años, han atribuido al pueblo de Israel discriminación en contra de otros pueblos, cuando estos han rechazado el matrimonio de sus hijos e hijas con las hijas e hijos de los paganos.

Evidencias de que Dios no se refería a la contaminación física, sino por la fe, son los casos de Rahab, la ramera y de Ruth, la nuera de Noemí. Ambas eran paganas.

Sin embargo, creyeron y se cambiaron a la fe y al Dios de Abraham y, así, se convirtieron en descendientes de Abraham y, como se sabe, más adelante ambas se constituyeron en pilares dentro del pueblo de Dios. E incluso, para sobreabundar en la prueba de lo afirmado, basta señalar que de ambas descendió el Señor Jesucristo. Sí, el mismísimo primogénito de Dios. Veamos lo que dicen Hebreos 11:31 y Ruth 1:15-16 que tratan los casos de Rahab y Ruth, respectivamente:

> *Por la fe Rahab la ramera* ***no pereció juntamente con los desobedientes, habiendo recibido a los espías en paz***. (Hebreos 11:31).

> *Y Noemí dijo: He aquí tu cuñada se ha vuelto a su pueblo y a sus dioses; vuélvete tú tras ella. Respondió Ruth: No me ruegues que te deje, y me aparte de ti; porque a dondequiera que tú fueres, iré yo, y dondequiera que vivieres, viviré.* ***Tu pueblo será mi pueblo, y tu Dios mi Dios***. (Ruth 1:15-16).

Como se puede ver y valorar, ambas mujeres tienen en común el haber abrazado la fe de Abraham, lo que las convirtió en descendientes de él.

Así las cosas, la descendencia más importante de Abraham no es su descendencia física, natural, es decir, su descendencia según la carne, sino más bien, se refiere a su descendencia espiritual, o sea, según la fe. Por ello, todos los creyentes, sean judíos o "gentiles", somos descendientes de Abraham y, por lo tanto, alcanzaremos la verdadera tierra prometida que es la salvación, o sea, la *Vida Eterna* prometida a la descendencia de Abraham por la fe.

Con el ejemplo anterior, una vez más se puede constatar la doble dimensión de la Palabra y de las promesas de Dios.

10.1.3 ***El pueblo de Dios***

Es importante señalar que Israel representa el pueblo de Dios y que inicialmente se trataba de la descendencia física de Abraham. Porque Israel se constituyó en la primera semilla del gran pueblo de Dios, constituida por todos los creyentes.

Pero hoy día, el pueblo de Israel no se refiere solo y exclusivamente a los descendientes de Abraham, Isaac y Jacob por la carne, sino el pueblo de Israel es la totalidad del pueblo de Dios, descendiente de Abraham, Isaac y de Jacob por la fe, o sea, por el espíritu.

De esta manera, los hijos de Israel no son solamente los israelitas tradicionales, sino que son todos los creyentes. Veamos lo que dice al respecto Efesios 2:12-19:

> *En aquel tiempo estabais sin Cristo,* ***alejados de la ciudadanía de Israel*** *y ajenos a los pactos de la promesa, sin esperanza y sin Dios en el mundo.*
>
> *Pero ahora en Cristo Jesús, vosotros que en otro tiempo estabais lejos, habéis sido hechos cercanos por la sangre de Cristo.*

> *Porque él es nuestra paz, que* ***de ambos pueblos hizo uno****, derribando la pared intermedia de separación, aboliendo en su carne las enemistades, la ley de los mandamientos expresados en ordenanzas,* ***para crear en sí mismo de los dos un solo y nuevo hombre****, haciendo la paz, y mediante la cruz reconciliar con Dios a ambos en un solo cuerpo, matando en ella las enemistades.*
>
> *Y vino y anunció las buenas nuevas de paz a vosotros que estabais lejos [los gentiles], y a los que estaban cerca [los israelitas tradicionales]; porque por medio de él los unos y los otros tenemos entrada por un mismo Espíritu al Padre.*
>
> *Así que* ***ya no sois extranjeros ni advenedizos, sino conciudadanos de los santos, y miembros de la familia de Dios****.* (Efesios 2:12-19).

De manera tal que en Jesucristo y por la fe, ambos pueblos, se hizo uno solo, por lo tanto, israelita en lo natural, es el pueblo conocido de Israel, o sea, la descendencia de Abraham, Isaac y de Jacob [Israel] por la carne; pero israelita en realidad [en lo espiritual], es todo el pueblo de Dios formado por la totalidad de los creyentes, o sea, la descendencia de Abraham, Isaac y Jacob [Israel] por la fe.

10.1.4 *El bautismo de Juan el Bautista*

Ya se dijo que el bautismo de Juan era un bautismo que invitaba al arrepentimiento y, por lo tanto, era muy importante. Sin embargo, en realidad es un simbolismo. Con dicho bautismo no se alcanzaba ni la salvación ni la *Vida Eterna*, porque era un bautismo natural, no espiritual. El bautismo de Juan era un símbolo de lo que sería el verdadero bautismo en el espíritu que Cristo habría de instaurar entre los hombres para la remisión de sus pecados, para su nuevo nacimiento y para que alcancen la *Vida Eterna*.

De esta manera, con el bautismo se constata, una vez más, la doble dimensión temporal y espiritual de la Palabra de Dios.

10.1.5 *Jesús el "Pan de Vida"*

Cuando Jesús declaró que Él es el *Pan de Vida* y el *Pan Vivo* que descendió del Cielo y, que, si alguno comiere de ese pan vivirá para siempre. Además, cuando declaró lo siguiente: El pan que yo le daré es mi cuerpo, que yo daré por la vida del mundo. ¿A qué se refería en realidad?, ¿cuál es la otra dimensión de esta Palabra del Señor? Veamos concretamente cómo lo dice Jesús en Juan 6:35, 48 y 51:

> *Jesús les dijo:* **Yo soy el pan de vida**; *el que a mí viene, nunca tendrá hambre; y el que en mí cree, no tendrá sed jamás.* (Juan 6:35).

Yo soy el pan de vida. (Juan 6:48).

Yo soy el pan vivo que descendió del cielo; si alguno comiere de este pan, vivirá para siempre; y el pan que yo daré es mi carne, la cual yo daré por la vida del mundo. (Juan 6:51).

En este caso, de ninguna manera Jesús se refería a sí mismo como pan físico para ser comido literalmente por el hombre. Más bien se refería a sí mismo como el salvador del mundo, como el que da *Vida* al que le acepta y recibe en su corazón como su Señor y salvador. Es decir, como el que da *Vida* a los muertos espirituales que era hasta entonces, la condición de todos los seres humanos después de la caída de Adán y Eva.

10.1.6 *La Pascua*

Cuando Dios estableció la pascua entre el pueblo de Israel en Egipto, usó la sangre del cordero esparcida sobre la puerta de las casas de los israelitas para salvarlos de la muerte, en este caso, de la "muerte física". Sin embargo, esa pascua era un simbolismo de la verdadera pascua que habría de celebrarse con Jesucristo, el Hijo de Dios, como Cordero de Dios, con cuya sangre el Señor salvaría a la humanidad. No de la "muerte física", sino de la muerte espiritual, o sea, la muerte eterna y, dicha sangre nos salva de la muerte y, a cambio nos da *Vida Eterna*.

Los casos anteriores son solamente algunos ejemplos que ilustran y confirman una vez más, el doble efecto, la doble dimensión, es decir, la condición temporal y espiritual o eterna que tiene la Palabra y las promesas de Dios.

CAPÍTULO 11

Los Creyentes de Hoy y el Poder y la Autoridad de los Primeros Cristianos

Es incuestionable el poder y la autoridad que desplegaban los primeros cristianos por medio de los milagros, prodigios y maravillas que hacían. Sin embargo, es curioso y extraño que, en general, los creyentes de hoy, no lucen el nivel de poder ni la autoridad que desplegaban aquellos cristianos durante la primera iglesia.

Es importante señalar y subrayar que, la condición tan especial que tenían los primeros cristianos que los facultaba para realizar grandes milagros, prodigios y maravillas, *era fundamentalmente la llenura del Espíritu Santo* y, de esta manera, el Señor acompañaba su Palabra con estas señales, por lo que, con gran naturalidad, los primeros cristianos curaban enfermos, expulsaban demonios, daban vista al ciego, enderezaban paralíticos y resucitaban muertos.

Recordemos que, al principio, aun después cuando

los apóstoles habían recibido al Espíritu Santo, no tenían consolidado el poder para realizar dichas señales. **Que no fue, sino hasta Pentecostés en que fueron llenos del Espíritu Santo, que estos adquirieron la plenitud de dicho poder**.

Entonces, la pregunta es, ¿qué ha pasado con los cristianos de hoy?, ¿por qué las señales de milagros, prodigios y maravillas que tan frecuentemente acompañaban a los primeros cristianos, en general, no acompañan a los cristianos de hoy, si el Reino de Dios es el mismo y este sigue siendo un reino de poder?

Veamos Marcos 16: 16-18 para recordar lo que dijo Jesús a los apóstoles justo antes de su partida:

> *El que creyere y fuere bautizado, será salvo; mas el que no creyere, será condenado.* ***Y estas señales seguirán a los que creen: En mi nombre echarán fuera demonios; hablarán nuevas lenguas; tomarán en las manos serpientes, y si bebieren cosa mortífera, no les hará daño; sobre los enfermos pondrán sus manos, y sanarán***. (Marcos 16:16-18).

Por lo tanto, de acuerdo con lo que declaró Jesús, los creyentes de la primera iglesia realizaban dichas señales de milagros, prodigios y maravillas. Marcos 16:20 lo reafirma de la siguiente manera:

> *Y ellos, saliendo, predicaron en todas partes,* ***ayudándoles el Señor y confirmando la***

> ***palabra con las señales que la seguían.*** *Amén.* (Marcos 16:20).

De esta manera, en donde se presentaban los discípulos del Señor, Éste les ayudaba apoyando la Palabra de Dios con dichas señales, prodigios y maravillas. Ahora, para sobreabundar en este aspecto, veamos otra serie de escrituras que reafirman cómo dichas señales seguían a los creyentes de la primera iglesia: Hechos 2:43, Hechos 5:12 y 14-16; Hechos 6:8, Hechos 8:6-8 y 13; Hechos 9:17-18; Hechos 19:11-12 y 1ª Corintios 4:20:

El siguiente pasaje describe lo que se dio en Pentecostés justo después de que los apóstoles recibieron la llenura del Espíritu Santo y que Pedro habló a la multitud.

> *Y sobrevino temor a toda persona;* ***y muchas maravillas y señales eran hechas por los apóstoles.*** (Hechos 2:43).

Cuando estaban reunidos los apóstoles, durante el pasaje descrito en Hechos 5:12 y 14-16, en que Ananías y Safira vendieron una heredad y trajeron parte de la venta a los apóstoles:

> *Y por la mano de* ***los apóstoles se hacían muchas señales y prodigios en el pueblo;*** *y estaban todos unánimes en el pórtico de Salomón.* (Hechos 5:12).

> *Y los que creían en el Señor aumentaban más, gran número así de hombres como de*

> *mujeres; tanto que sacaban los enfermos a las calles,* ***y los ponían en camas y lechos, para que, al pasar Pedro, a lo menos su sombra cayese sobre alguno de ellos****. Y aún de las ciudades vecinas muchos venían a Jerusalén, trayendo enfermos y atormentados de espíritus inmundos;* ***y todos eran sanados****.* (Hechos 5:14-16).

El siguiente pasaje en Hechos 6:8, describe la condición de Esteban después de que los apóstoles lo nombraron junto con otros seis varones de buen testimonio y llenos del Espíritu Santo como los primeros diáconos de la primera iglesia.

> *Y* ***Esteban****, lleno de gracia y poder,* ***hacía grandes prodigios y señales entre el pueblo****.* (Hechos 6:8).

El pasaje en Hechos 8:6-8 y 13 que sigue, se da después de la muerte de Esteban en que empezó una gran persecución en contra de la iglesia y que los creyentes fueron dispersados.

> *Y la gente, unánime, escuchaba atentamente las cosas que decía* ***Felipe****, oyendo y viendo las señales que hacía. Porque de muchos que tenían espíritus inmundos, salían éstos dando grandes voces;* ***y muchos paralíticos y cojos eran sanados****; así que había gran gozo en la ciudad.* (Hechos 8:6-8).

> *También creyó Simón mismo, y habiéndose bautizado, estaba siempre con Felipe;* ***y viendo las señales y grandes milagros que se hacían****, estaba atónito.* (Hechos 8:13).

Hechos 9:17-18 describe sucesos importantes que se dieron después de que Saulo, camino a Damasco, tuvo su primer encuentro con Jesús.

> *Fue entonces* ***Ananías*** *y entró en la casa, y poniendo sobre él las manos, dijo: Hermano Saulo, el Señor Jesús, que se te apareció en el camino por donde venías,* ***me ha enviado para que recibas la vista y seas lleno del Espíritu Santo. Y al momento le cayeron de los ojos como escamas, y recibió al instante la vista****; y levantándose, fue bautizado.* (Hechos 9:17-18).

Hechos 19:11-12 describe el poder de Dios actuando incluso por medio de las prendas del apóstol Pablo cuando llegó a Éfeso.

> *Y hacía Dios milagros extraordinarios por mano de Pablo, de tal manera que aún se llevaban a los enfermos* ***los paños o delantales de su cuerpo [del cuerpo de Pablo], y las enfermedades se iban de ellos, y los espíritus malos salían****.* (Hechos 19:11-12).

Finalmente, la siguiente escritura es parte del mensaje del Apóstol Pablo con respecto al poder del Reino de Dios en su primera carta a los Corintios. 1ª Corintios 4:20:

> ***Porque el Reino de Dios no consiste en palabras, sino en poder*.** (1ª Corintios 4:20).

Como se puede constatar, en general, los creyentes de la primera iglesia estaban llenos del Espíritu Santo y a estos seguían el poder de Dios por medio de señales en forma de milagros, prodigios y maravillas.

Ahora bien, la razón fundamental por la que, en general, los cristianos de hoy no lucen ni el poder ni la autoridad de los primeros cristianos, pese a tener el Espíritu Santo morando con ellos en su corazón, es porque hoy, la mayoría de los creyentes no tienen la llenura del Espíritu Santo y, no tienen la llenura del Espíritu Santo, entre otras razones, porque Este casi siempre se encuentra contristado y consecuentemente "arrinconado" en el corazón de muchos creyentes que, suelen obedecer más a los hombres que a Dios, cuando la principal obligación de todo creyente es obedecer siempre a Dios por encima de todo y de todos. Veamos lo que dijeron Pedro y los apóstoles en Hechos 5:29, cuando les prohibieron enseñar y predicar a Jesucristo:

> *Respondiendo Pedro y los apóstoles, dijeron:* ***Es necesario obedecer a Dios antes que a los hombres*.** (Hechos 5:29).

Por otro lado, es importante abonar a lo anterior, el hecho de que, a través del tiempo, el hombre ha caído en el profundo abismo del humanismo-materialista el cual, coloca al ser humano y a los bienes materiales en el centro de su vida, manteniéndolo alejado de Dios, de su Palabra, por lo tanto, de su voluntad.

La tragedia es que muchos creyentes, paulatinamente y casi inadvertidamente se han dejado arrastrar por dicha corriente humanista-materialista que suele contristar al Espíritu Santo, "arrinconándolo" dentro de sus corazones. **Esta situación muy a menudo termina ubicando a muchos creyentes en la "acera del frente" y, sin darse cuenta, frecuentemente se encuentran en el bando contrario, limitando, estorbando, e incluso, luchando contra Dios**.

La realidad es que, con el tiempo, la filosofía humanista-materialista en general, se ha apoderado del corazón del ser humano y, ante dicha filosofía, muchos creyentes no tienen el anclaje necesario, es decir, no están suficientemente enraizados y cimentados en el Señor y en su Palabra y, por lo tanto, no están apartados ni protegidos en contra de esa y otras corrientes extrañas. De esta manera, al igual que los hombres naturales, son arrastrados por dichas corrientes que terminan penetrando y contaminándoles su corazón. Esta penetración e invasión del humanismo-materialista al corazón del creyente, poco a poco empieza a enfriar su fe y, con su fe disminuida, este suele bajar la guardia, quedando por ende sin defensas; luego de lo cual, el creyente empieza a dar concesiones a las doctrinas humanistas-materialistas, es decir, comienza a aceptar dichas doctrinas, sin darse cuenta cuánto lo han alejado y apartado de Dios.

El humanismo-materialista ha convertido al hombre en una especie de *barco de vela, sin ancla ni timón* que, sin rumbo definido, es empujado para acá y para allá, de acuerdo con la intensidad y la dirección del viento que sopla al momento.

Es así cómo, la contaminación del corazón de muchos creyentes de hoy entristece al Espíritu Santo, quien permanece "arrinconado o marginado" en sus corazones y, bajo esas condiciones, es imposible que el creyente pueda recibir la llenura del Espíritu Santo, condición necesaria para que tenga pleno acceso al poder, la autoridad y el apoyo del Señor, para que le sigan las señales de milagros, prodigios y maravillas.

Por lo tanto, **la clave para que el creyente de hoy tenga el poder y la autoridad para que le sigan señales de milagros, prodigios y maravillas, es que le crea a Dios, le obedezca y lo ponga en primer lugar en su vida por encima de todo y de todos**. Es esta actitud la que creará las condiciones necesarias para que el creyente sea lleno del Espíritu Santo y, es la llenura del Espíritu Santo la que activará el poder y la autoridad dentro del él, para que pueda realizar los milagros, prodigios y maravillas, al igual que los realizaban los cristianos de la primera iglesia.

Dios da como regalo su Espíritu Santo a todo aquel que confiesa que Jesús es su Señor y salvador y, el Espíritu Santo promueve y hace grandes obras por medio de todo aquel que obedece al Señor. Es más, le da autoridad y poderes ilimitados.

Se puede entonces decir, que cuando el creyente permite que el humanismo-materialista contamine su corazón, pierde toda capacidad de ejercer el poder de Dios que hay en él, entre otras razones, por las siguientes:

1. *Porque no conoce la Palabra de Dios o la conoce a medias. Ahora bien, lo anterior se resuelve leyendo, estudiando y escudriñando la Palabra de Dios todos los días.*
2. *Porque el creyente no protege ni guarda su corazón contra los malos pensamientos que frecuentemente son energizados por emociones negativas, produciendo malos sentimientos, lo que hace que este tome malas decisiones; consecuentemente, produzca malos frutos.*

Proverbios 4:23 nos señala la absoluta necesidad de proteger nuestro corazón. Veamos:

> *Sobre toda cosa guardada,* ***guarda tu corazón****; porque de él mana la vida.* (Proverbios 4:23).

3. *Porque el creyente no obedece a Dios, sino a los hombres, cuando su obligación es obedecer primero a Dios antes que a cualquier persona o cosa.*
4. *Porque el creyente no ejercita su fe. La fe se ejercita creyendo a Dios y dando continuos pasos de fe.*
5. *Porque el creyente no mantiene comunión con Dios. Comunión que se logra creando el hábito de mantener una relación permanente con el Espíritu Santo. Es una buena costumbre estar "conectado"*

con el Señor siempre, no solo en momentos específicos, sino en todo tiempo el creyente debe estar consciente de que el Señor está con y en él.

En pocas palabras, el creyente debe acercarse, someterse y refugiarse permanentemente en Dios y, vivir bajo sus poderosas alas protectoras.

Veamos una vez más lo que dice Santiago 4:7-8 en lo conducente:

> ***Someteos, pues, a Dios***; *resistid al diablo, y huirá de vosotros.* ***Acercaos a Dios, y él se acercará a vosotros***. (Santiago 4:7-8).

Ahora bien, cuando el creyente se mantiene dentro de la voluntad de Dios y le obedece bajo toda circunstancia, como respuesta, se da lo siguiente:

1. *Que el Espíritu Santo se complace y se agrada de él; consecuentemente, mora a sus anchas con él en su corazón y, es esa complacencia la que, entre otras cosas, genera la llenura del Espíritu Santo y hace que Este despliegue su gran poder por medio del creyente.*
2. *El rostro del creyente adquiere una luz especial y cambia de ser un rostro de apariencia "muy dura y mal encarado" a ser un rostro dulce, distendido, apacible y fresco, es decir, un rostro "angelical". Pierde todo aspecto de dureza muy propio del hombre natural que se sustenta en sus propias fuerzas y que obedece a los hombres antes que a Dios.*

Veamos la descripción del rostro de Esteban, quien estaba lleno del Espíritu Santo, mientras era juzgado por el concilio, en Hechos 6:15:

> *Entonces todos los que estaban sentados en el concilio, al fijar los ojos en él [en Esteban],* ***vieron su rostro como el rostro de un ángel****.* (Hechos 6:15).

11.1 Las Consecuencias de la Falta de Poder y Autoridad del Creyente

Dios desea dar poder y autoridad a todos los creyentes, o sea, a sus hijos e hijas. Su deseo es capacitarlos y facultarlos para hacer el bien y combatir el mal, es decir, sanar enfermos, enderezar y levantar paralíticos, expulsar demonios, dar vista a los ciegos, resucitar muertos y, más. Entre otras razones, para que dichas señales sirvan de ejemplo a los incrédulos y que palpen el poder y la autoridad de Dios desplegados en los creyentes. Esto se reafirma en Hechos 13:9-12 cuando en Chipre, el mago Barjesús quería impedir que el Procónsul Sergio Pablo escuchara la palabra de Dios de boca del apóstol Pablo y de Bernabé, veamos:

> *Entonces Saulo, que también es Pablo, lleno de Espíritu Santo, fijando en él los ojos, dijo: ¡Oh, lleno de todo engaño y de toda maldad, hijo del diablo, enemigo de toda justicia! ¿No cesarás de trastornar*

> *los caminos rectos del Señor? Ahora, pues, he aquí la mano del Señor está contra ti, y serás ciego, y no verás el sol por algún tiempo. E inmediatamente cayeron sobre él oscuridad y tinieblas; y andando alrededor, buscaba quien le condujese de la mano.* ***Entonces el procónsul, viendo lo que había sucedido, creyó, maravillado de la doctrina del Señor.*** (Hechos 13:9-12).

Asimismo, en Éxodo 9:16, Jehová Dios anuncia claramente cuál es su propósito al mostrar su poder por medio de Moisés:

> *Y a la verdad* ***yo te he puesto para mostrar en ti mi poder, y para que mi nombre sea anunciado en toda la tierra.*** (Éxodo 9:16).

Por esta razón, cuando un creyente le dice a un incrédulo que Dios le ama y que el Señor quiere lo mejor para él, lo ideal y aconsejable es que tenga la capacidad de demostrárselo usando el poder de Dios para sanarlo, traer paz en su corazón, devolverle su vista, expulsar los demonios que tiene dentro y, más. Porque cuando el incrédulo ve esa evidencia que confirma realmente que Dios le ama, muy probablemente querrá vivir bajo la protección de ese Dios que le ha mostrado bien y misericordia.

El problema es que la mayoría de los creyentes de hoy, no tienen activado el poder ni la autoridad que Dios tiene para ellos y que ha puesto a su disposición. Por esa razón, es muy difícil que, por su medio, Dios pueda usarlos para expresar su amor hacia otros.

Lo peor es que muchos creyentes ni siquiera tienen la "añadidura", que es lo que el Señor provee como extra, como consecuencia de la adhesión del creyente al Reino de Dios. Añadidura que es típicamente el bienestar o la abundancia material y, otros elementos afines de poca relevancia en el mundo espiritual.

Vale la pena señalar para recordar, que los grandes siervos de Dios como Abraham, Isaac, Jacob, Job, David, Salomón y muchísimos más, eran hombres naturalmente prósperos, porque Dios los bendijo con abundantes bienes materiales. Es más, los hombres más ricos del Antiguo Testamento tenían en común el ser creyentes y el ser grandes siervos de Dios.

Para confirmar lo anterior, veamos el siguiente pasaje cuando Abraham envió a su criado en busca de una esposa para su hijo Isaac en Génesis 24:34-35:

> *Entonces dijo: Yo soy criado de Abraham.* ***Y Jehová ha bendecido mucho a mi amo, y él se ha engrandecido; y le ha dado ovejas y vacas, plata y oro, siervos y siervas, camellos y asnos***. (Génesis 24:34-35).

Pero Dios también quiere prosperar a pueblos enteros. Solo es necesario que le obedezcan y sigan sus preceptos y ordenanzas. Veamos lo que nos dice Josué 22:8, una vez que los miembros del ejército de los hijos de Rubén, de los hijos de Gad y de la media tribu de Manasés regresaban a su tierra, al otro lado del Jordán tras haber ayudado a sus hermanos a conquistar la tierra que Dios les había dado:

> *Y les habló [Josué] diciendo:* ***Volved a vuestras tiendas con grandes riquezas, con mucho ganado, con plata, con oro, y bronce, y muchos vestidos****; compartid con vuestros hermanos el botín de vuestros enemigos.* (Josué 22:8).

Sin embargo, hoy, por el contrario, muchos creyentes viven con mucha estrechez y escasez material porque, aunque son hijos de Dios, paradójicamente, con frecuencia no le creen, lo cual limita al Señor las posibilidades de bendecirlos en todo, tal cual es su deseo.

Por lo tanto, al tener el incrédulo la percepción de que el creyente no tiene nada substancial que atestigüe de su fe en Dios: ni poder, ni autoridad, ni riqueza material, porque es materialmente pobre, entonces, el incrédulo no ve en el creyente un modelo a seguir o a emular. E incluso, a menudo le suele perder el respeto.

Es indispensable que el creyente active, desarrolle y haga uso de su poder y autoridad. **Un creyente sin poder ni autoridad, de muy poco le sirve al Reino de Dios en la Tierra**. Porque el creyente tiene la misión de combatir el mal y ayudar a entronizar el bien, como miembro del poderoso Ejército de Dios. Además, necesita el poder de Dios para ser testigo del Señor en la Tierra. En Hechos 1:8, Jesús lo dice de la siguiente manera al anunciar lo que vendría en Pentecostés:

> *Pero recibiréis poder, cuando haya venido sobre vosotros el Espíritu Santo, y* ***me seréis testigos en Jerusalén, en toda Judea, en Samaria, y hasta lo último de la tierra****.* (Hechos 1:8).

En el fondo, el poder y la autoridad de Dios actuando en el creyente es para que muchos se maravillen y crean que Él existe y para que quieran enlistarse en el Ejército de ese Dios vencedor y hacedor de maravillas. Veamos el pasaje en Hechos 9:34-35 en que Pedro llegó a Lida y sanó a Eneas, quien estuvo paralítico en cama por ocho años:

> *Y le dijo Pedro: Eneas, Jesucristo te sana; levántate, y haz tu cama. Y en seguida se levantó. Y le vieron todos los que habitaban en Lida y en Sarón,* ***los cuales se convirtieron al Señor****.* (Hechos 9:34-35).

Como se puede confirmar, los incrédulos, viendo los milagros que hace Dios por medio de los creyentes, en este caso de Pedro, no solo se maravillaron, sino se convirtieron al Señor, o sea, se enlistaron en su Ejército. Por eso es fundamental que el creyente de hoy luzca el poder de Dios en su vida para que pueda realizar milagros, prodigios y maravillas.

Sin embargo, el humanismo-materialista ha producido muchos estragos en el hombre e incluso, ha penetrado el corazón de muchos creyentes a los cuales ha hecho militar según la carne y confiar en sus sentidos naturales, en vez de militar en el espíritu y confiar en sus sentidos espirituales.

El creyente debe procurar activar sus sentidos espirituales, es decir, debe practicar el uso de los mismos para desarrollar el poder que el Señor ha puesto a su disposición. Asimismo, debe confiar lo menos posible en sus sentidos naturales, porque estos son traicioneros, engañosos; consecuentemente, no son confiables. Recuérdese que los sentidos naturales solo fueron activados una vez que el hombre pecó y fue degradado, al pasar de ser de la esencia espiritual de Dios a ser una esencia natural.

Finalmente, el creyente deberá procurar vivir una vida íntegra, con fortaleza y gozo en su corazón, independientemente de las circunstancias de su vida. Porque sea como sea, siempre tendrá aflicción, enfrentará dificultades, encontrará obstáculos en su camino y tropezará. Además, debe tener presente siempre que su fortaleza proviene de Dios, porque cuando otros, especialmente los incrédulos, ven su actitud y aplomo, su vida íntegra y llena de gozo, lo admirarán y querrán dicha receta para sus propias vidas. Por lo tanto, esa es una las mejores formas de servir y honrar al Señor nuestro Dios.

CAPÍTULO 12

La Triple Co-Inherencia de Dios o la Co-Inherencia Trinitaria de Dios

Ya se definió la co-inherencia o cohabitación como el mutuo morar entre dos entidades, en este caso, entre el Espíritu Santo de Dios y el alma del hombre en que ambos moran simultáneamente el uno en el otro en perfecta comunión y armonía.

Por lo tanto, la triple co-inherencia o triple cohabitación es el morar mutuo entre tres entidades, cada una morando simultáneamente dentro de las otras dos en perfecta comunión y armonía.

12.1 **La Triple Co-Inherencia de Dios**

Hay una perfecta co-inherencia entre Dios Padre y Dios Hijo, entre Dios Hijo y Dios Espíritu Santo y, entre Dios Espíritu Santo y Dios Padre.

A esa co-inherencia o cohabitación existente entre las tres personas de la Santísima Trinidad se le denomina: *La triple co-inherencia de Dios o la co-inherencia trinitaria de Dios.* Lo anterior significa que, de manera permanente, la plenitud de cada una de las tres personas y la plenitud de Dios mismo, están presentes simultáneamente dentro de las otras dos personas de la Divina Trinidad.

Juan 14:8-11 señala la co-inherencia entre el Padre y el hijo de la siguiente manera:

> *Felipe le dijo: Señor, muéstranos el Padre, y nos basta. Jesús le dijo: ¿Tanto tiempo hace que estoy con vosotros, y no me has conocido, Felipe? El que me ha visto a mí, ha visto al Padre; ¿Cómo, pues, dices tú?: Muéstranos el Padre ¿No crees que yo soy en el Padre, y el Padre en mí? Las palabras que yo os hablo, no las hablo por mi propia cuenta, sino que el Padre que mora en mí, él hace las obras.* ***Creedme que yo soy en el Padre, y el Padre en mí****; de otra manera, creedme por las mismas obras.* (Juan 14:8-11).

Dicho de otra manera, la Santísima Trinidad, es decir, el Dios uno *en tres*, está permanentemente presente dentro de cada una de sus tres personas.

Hay casos en que el Dios-Padre es el que prevalece o

actúa, en otros casos, es el Dios-Hijo y en otros, es el Dios-Espíritu Santo. Sin embargo, en todos los casos, están juntas las tres personas del Dios uno en tres, es decir, la co-inherencia trinitaria de Dios es permanente.

Lo anterior viene a ratificar el hecho de que las tres personas de la Santísima Trinidad siempre actúan juntas. **Esto es trascendental porque ni el Padre, ni el Hijo, ni el Espíritu Santo actúan solos, siempre están juntos y actúan juntos**.

Se ha dicho que Dios está presente dentro de sus tres personas y eso es absolutamente correcto, porque Dios en sus tres personas está permanentemente presente de forma simultánea en cada una de ellas. Esto se explica por el *Principio del holograma* que se vio anteriormente.

La triple co-inherencia o triple cohabitación de Dios estuvo establecida en el Dios Alfa, desde el principio.

12.2 La Triple Co-Inherencia del Alma

Cuando Dios creó al hombre, como ya se dijo, lo creó con una *esencia espiritual especial* diferente a su propia esencia, es decir, creó al hombre con la esencia espiritual que es su alma, a la cual Dios también creó como una trinidad: mente, emociones y voluntad en triple co-inherencia o triple cohabitación. **Por consiguiente, la mente del hombre está en cohabitación con sus emociones, sus emociones en cohabitación con su voluntad y, su voluntad en cohabitación con su mente**. Esto también significa que la plenitud de cada una de las partes del alma: mente, emociones y voluntad y el alma misma, están simultánea y permanentemente presentes dentro de todas las demás partes o esencias del alma.

A esa relación de co-inherencia o cohabitación existente entre la trinidad del alma del hombre se le denomina "**triple co-inherencia del alma o co-inherencia trinitaria del alma**". Lo anterior explica, porqué los pensamientos [mente], los sentimientos [emociones] y las decisiones [voluntad], están todos interconectados y, esas esencias funcionan juntas en el alma del hombre.

Hay casos en que el "alma-mente" es el que prevalece o actúa, en otros casos, es el "alma-emociones", y en otros es el "alma-voluntad". Sin embargo, en todos los casos, están juntas las tres partes o esencias: la co-inherencia trinitaria del alma del hombre es permanente.

12.3 La Triple Co-Inherencia de Dios y su Familia o del Dios Omega

La voluntad de Dios es estar en triple co-inherencia con su familia, es decir, con su esposa e hijos. El plan de Dios desde antes de la fundación del mundo es establecerse en triple co-inherencia con su familia, que como se dijo antes, es el propósito de Dios con toda la creación: **fundar su familia y darse de una descendencia**.

Por lo tanto, el Señor [Dios Padre] estará en co-inherencia con sus hijos [los creyentes], sus hijos estarán en co-inherencia con su Madre [es decir, la Santa Iglesia o la Esposa del Cordero] y, esta, en co-inherencia con el

Señor [su esposo, el Padre]. A esta triple co-inherencia de la familia de Dios, se denomina la *Triple Co-inherencia la familia de Dios* o la *Triple Co-inherencia del Dios Omega.* Recuerde que se dijo que al final, el Dios Omega estará solo como Dios; pero se habrá "agrandado" con su familia que será o formará parte de Él. Asimismo, se dijo que, por el *Principio Inverso del holograma*, el Espíritu de Dios que está en co-inherencia con el alma del creyente, una vez que este abandona el mundo, regresará a Dios, llevándose consigo el alma del creyente.

La *Triple Co-inherencia de la familia de Dios* o *la Co-inherencia Trinitaria de la familia de Dios*, está siendo establecida con la formación de su familia, es decir, con la construcción de su santa morada. En consecuencia, por la eternidad, Dios estará en perfecta comunión y armonía, morando en sus hijos y en su esposa, la Esposa del Cordero, es decir, en la Iglesia, que es la madre de sus hijos. Asimismo, estos estarán en perfecta armonía morando en el Dios Padre [su Padre] y en su esposa [su madre]; mientras su esposa estará morando en perfecta armonía en el Dios Padre [su esposo] y, en sus hijos y, todos juntos constituirán la Nueva Jerusalén, o sea, el corazón de Dios, que es su santa morada y la morada de sus hijos.

12.4 **El Súper-holograma de Dios y el Súper-holograma del Universo**

Ya se dijo que cuando Dios planeó la formación de su familia, no quería imponerle al hombre la obligación de amarlo y aceptarlo, por lo tanto, lo creó con libre albedrío y, para garantizarle libertad plena en el ejercicio de su libre albedrío, Dios creó una "realidad" paralela muy diferente a la suya, una realidad natural infinita, es decir, Dios creó el universo. Lo creó con gran complejidad y con los elementos necesarios para que este fuera una realidad suficientemente "atractiva", para que se convirtiera en una "alternativa" para el ejercicio del libre albedrío del hombre. Es así como, Dios creó el universo, imponente, impresionante, majestuoso e infinito, para subrayar su propia grandeza. Además, para que represente una realidad visible frente a Él que es una realidad invisible.

Por lo tanto, creó una especie de "réplica" física o natural del "universo espiritual", o sea, del Reino de Dios. En lo físico, el universo es una especie de muestra o representación visible del Reino de Dios, sobre todo para que sirva como testigo de su grandeza e inmensidad. De esta manera, creó el universo con una serie de características similares a su propio Reino; pero también, lo creó con otras características diametralmente opuestas a las de su propia esencia.

De manera que, si Dios es una especie de Súper-holograma, es decir, el *Súper-holograma de Dios*; luego, el universo es una especie de *Súper-holograma del universo* y, ambos representan hologramas de dimensiones infinitas, el uno en lo espiritual y el otro en lo natural.

Veamos algunas de las características que comparten, o que tienen en común, el *Universo Espiritual de Dios, es decir,* el *Reino de Dios* y el universo físico o natural que él creó:

1. *Ambos tienen la funcionalidad de una especie de Súper-holograma*
2. *Ambos son inmensos y majestuosos*
3. *Ambos son infinitos*
4. *Elementos naturales que hay en el universo físico (en la Tierra) tales como el agua, la roca, el oro, la plata, las piedras preciosas, la sangre, la luz, la madera y otros, son réplicas físicas de dichos elementos que primero existieron y que existen en el "Universo Espiritual", es decir, en el Reino de Dios.*

Recordemos que Dios mostró a Moisés los modelos que hay en el Cielo para que los copiara e hiciera sus réplicas naturales en la Tierra. Ahora veamos lo que al respecto dice Éxodo 25:37-40 y 26:30 y Apocalipsis 21:18-21:

> *Y le harás siete lamparillas, las cuales encenderás para que alumbren hacia adelante. También sus despabiladeras y sus platillos, de oro puro. De un talento de oro fino lo harás, con todos estos utensilios. Mira y* ***hazlos conforme al modelo que te ha sido mostrado en el monte***. (Éxodo 25:37-40).

> *Y alzarás el tabernáculo* ***conforme al modelo que te fue mostrado en el monte***. (Éxodo 26:30).

El siguiente caso es en Apocalipsis 21:18-21 cuando Juan fue llevado al Cielo en donde se le revelaron los sucesos de los últimos tiempos:

> *El material de su muro era de jaspe; pero la ciudad era de oro puro, semejante al vidrio limpio; y los cimientos del muro de la ciudad estaban adornados con toda piedra preciosa. El primer cimiento era jaspe; el segundo, zafiro; el tercero, ágata; el cuarto, esmeralda; el quinto, ónice; el sexto, cornalina; el séptimo, crisólito; el octavo, berilo; el noveno, topacio; el décimo, crisopraso; el undécimo, jacinto; el duodécimo, amatista. Las doce puertas eran doce perlas; cada una de las puertas era una perla. Y la calle de la ciudad era de oro puro, transparente como el vidrio.* (Apocalipsis 21:18-21).

Las piedras preciosas y el oro no eran naturales o físicas como las que están en la Tierra, sino que eran espirituales, como corresponde a todo en el Reino de Dios, en el que todo es espiritual.

Ahora veamos algunas características opuestas entre el Reino de Dios, o sea, *Súper-holograma de Dios* y el universo, es decir, *Súper-holograma del universo*:

1. *El universo es físico o natural, mientras el Reino de Dios es espiritual.*

2. *El universo es visible y en general, es percibible por medio de los sentidos naturales, mientras el Reino de Dios es invisible, por lo que solo es percibible con los supra-sentidos o sentidos espirituales del hombre.*
3. *El universo es temporal, mientras el Reino de Dios es eterno.*
4. *El universo ha sido creado, mientras el Reino de Dios no fue creado, sino que, siempre es, etc.*

Como se dijo, cuando Dios creó al hombre, lo creó a su imagen y conforme a su semejanza en lo espiritual, y en lo material o físico, lo creó a imagen y semejanza del universo. Con la caída del hombre, este perdió su imagen y semejanza de Dios, o sea, la imagen espiritual de Dios, y mantuvo la imagen y semejanza física, terrenal o del universo.

En 1ª Corintios 15:49 se establece la doble imagen con que fue creado el ser humano:

> *Y así como hemos traído **la imagen del terrenal, traemos también la imagen del celestial.*** (1ª Corintios 15:49).

Por consiguiente, cuando nace el hombre, nace siendo un *pedazo del holograma del universo*; pero sin el *pedazo del holograma de Dios*. Su cuerpo pertenece al *Súper-holograma del universo*. Asimismo, sabemos que cuando el hombre recibe al Espíritu Santo, adquiere la imagen y semejanza de Dios, por lo que pasa a pertenecer al *Súper-holograma de Dios*.

Cuando el hombre parte de este mundo, si no ha recibido a Jesucristo como su Señor y salvador, es decir, si no ha recibido el *pedazo del holograma de Dios*, este no es hijo de Dios; consecuentemente, por el *Principio inverso del holograma*, su cuerpo físico regresa al *Súper-holograma del universo*, en este caso concreto, regresa a la tierra y, su alma permanece muerta espiritualmente al no haber recibido el Espíritu de Dios, es decir, el *pedazo del holograma de Dios* que como se dijo, es como un *boleto* o *pasaporte* para entrar al Reino de Dios. Por lo tanto, su alma al estar eternamente separado de Dios, estará muerta por la eternidad.

Pero cuando un creyente que tiene un *pedazo del holograma de Dios* parte de este mundo, en este caso, el *Principio inverso del holograma* se aplica doblemente, porque, por el *Principio inverso del holograma* su cuerpo regresa al *Súper-holograma del universo*, es decir, regresa a la tierra, y el *pedazo del holograma de Dios,* o sea, el Espíritu Santo, regresa con el alma del creyente al *Súper-holograma de Dios*, es decir, al Reino de Dios; porque, como se dijo antes, el Espíritu Santo actúa como una especie de *boleto* o *pasaporte* que Dios ofrece al hombre para que pueda "viajar" y entrar a su Reino y disfrutar de *Vida Eterna*. En Eclesiastés 12:7, ese proceso se describe claramente como sigue:

> *"Y **el polvo vuelve a la tierra**, como era,*
> ***y el espíritu vuelve a Dios** que lo dio."*
> (Eclesiastés 12:7).

Por otro lado, dado que, en lo natural o físico, el hombre es un *pedazo del holograma del universo*, entonces, la totalidad de la expresión del universo está dentro del él. Esto, por el mismo *Principio del holograma.*

En resumen, Dios creó el hombre con la potencialidad de ser parte de dos "mundos" o súper-hologramas. Lo creó con una parte física o natural, como parte del *Súper-holograma del universo*, dotándolo, por lo tanto, de sentidos naturales y, con una parte espiritual, como parte del *Súper-holograma de Dios*, para lo que el Señor lo dotó con supra-sentidos o sentidos espirituales. Todo lo anterior para que pudiera desenvolverse en ambos "mundos" y, de esta manera, ejerciera libremente su libre albedrío, valga la tautología o repetición, para escoger su propio camino, es decir, su destino final.

12.5 **¿Es el Universo una Simple Apariencia o un Fantasma?**

Paradójicamente, los seres humanos suelen considerar fantasmas a los entes espirituales, es decir, a entes procedentes del mundo espiritual que en esencia les son invisibles con sus ojos naturales. Sin embargo, lo que realmente es fantasmagórico es lo físico, o sea, el universo mismo y todo lo que en él hay. La razón por la que el universo constituye realmente una apariencia es porque este no existe desde el punto de vista espiritual, que es la realidad y la verdadera dimensión en que existe todo lo que existe. Dicho de otra manera, el universo no existe en la realidad de la eternidad.

De hecho, el mundo espiritual es el mundo real porque es eterno. Lo visible en lo natural, es en sí mismo un fantasma, una aparición fantasmagórica. En consecuencia, el universo es una aparición, es un enorme fantasma. De la misma manera que apareció durante la creación, desaparecerá al final, porque es pasajero y no eterno. Pertenece a una realidad limitada en el tiempo.

Por lo tanto, el universo es un gran fantasma, es un *gigantesco holograma fantasmagórico* que Dios creó dentro de la "realidad" natural o física como parte de su plan. Lo creó con el propósito de proporcionar al hombre una alternativa natural aparente, frente a la alternativa espiritual de Dios que es real. Lo anterior, para que él pudiera ejercer su libre albedrío escogiendo entre una u otra realidad.

Dios quiso que la "realidad física o natural" fuera lo más "atractiva y real" posible para el hombre, a fin de que pudiera ejercer su libre albedrío de la manera más "imparcial" posible.

Ahora bien, una prueba de que el universo no existe dentro de la realidad eterna, es que, una vez que Dios termina de establecer su familia: su esposa e hijos, o sea, una vez que termina la construcción de su santa morada, la Nueva Jerusalén; el cielo y la Tierra, es decir, el universo, ya no serán. El Señor enfatiza la condición temporal del universo al declarar en Mateo 24:35 y Lucas 21:33, lo siguiente:

> ***El cielo y la tierra pasarán**, pero mis palabras no pasarán.* (Mateo 24:35 y Lucas 21:33).

Además, en 2ª Corintios 4:18 y Apocalipsis 21:1, el carácter temporal del universo se reitera de la siguiente manera:

> *No mirando nosotros las cosas que se ven, sino las que no se ven;* ***pues las cosas que se ven son temporales****, pero las que no se ven son eternas.* (2ª Corintios 4:18).

> ***Vi un cielo nuevo y una tierra nueva; porque el primer cielo y la primera tierra pasaron****, y el mar ya no existía más.* (Apocalipsis 21:1).

¡Qué impresionante es Dios!, creó todo un universo majestuoso, portentoso e infinito en lo natural para que el hombre tuviera frente a sí, una alternativa de escogencia distinta a Él, una alternativa que en esencia es la antítesis de Dios. Todo para garantizar al hombre el efectivo ejercicio de su libre albedrío. Tanto así que, muchos en el uso de esa libertad escogen la creación, es decir, el universo, en vez de su Creador. *Escogen un fantasma sobre la realidad.*

12.6 **El enlace o convergencia entre el mundo natural y el "mundo espiritual"**

Hablar del enlace o convergencia entre el mundo natural o físico con el mundo espiritual pareciera un disparate, un sinsentido, una gran nadería, dada la naturaleza misma de cada uno de ellos. Sin embargo, con nuestro Dios

Omnisciente y Omnipotente, sin duda alguna todo es posible.

Por otro lado, sabemos que en la cabeza del hombre está su cerebro. Lo que sí es sorprendente para muchos, es declarar que dentro del cerebro está su corazón y que dentro su corazón está su alma. Porque en realidad, todo está y todo sucede en la cabeza del hombre. El cerebro humano es una de las grandes obras maestras de Dios, porque dentro de él está el único "lugar" en toda la creación, que es capaz de permitir una *comunión especial, una transición o especie de enlace o convergencia* entre el "mundo espiritual" y el mundo natural, entre el *Súper-holograma de Dios* y el *Súper-holograma del universo,* entre el Reino de Dios y el universo. El alma es el enlace de dicha transición y, más específicamente, ese enlace es la fe del hombre. La fe que es un atributo del alma de humana, es una especie de puente entre lo natural y lo espiritual, es el único "lugar" en que se da una transición o enlace, es decir, una convergencia entre el mundo natural y el mundo espiritual, los cuales, son dos súper-hologramas mutuamente excluyentes; porque el mundo natural es 100% físico y 0% espiritual, mientras el "mundo espiritual" es 0% físico o natural y 100% espiritual.

Sin embargo, por medio del cerebro humano, dentro de su corazón, específicamente dentro de su alma; mediante la fe, se da una especie de enlace o vínculo milagroso entre ambos "mundos", es decir, entre ambos súper-hologramas. En términos matemáticos, significa que ambos súper-hologramas se "intersectan" en la fe del alma humana, produciendo en una especie de "coexistencia" entre los dos.

La ya mencionada *Infraestructura Infinita* o *Estación de Acoplamiento* que tiene cada persona dentro de su corazón, para que el Espíritu Santo pueda acoplarse y morar con ella, es parte de la logística que permite el proceso de transición o enlace entre ambos "mundos".

Se sabe que el panel de control de las conexiones o circuitos del cerebro humano es infinito, una condición apropiada y exacta para facilitar el acople un ser infinito, el cual es precisamente Dios por medio de su Espíritu Santo.

12.6.1 *La fe, el tiempo del hombre y el tiempo de Dios*

En el mundo natural, el ser humano se debate entre el pasado y el futuro, o sea, entre lo que ya fue y, lo que aún no ha sido. Porque el presente no es más que una ilusión para él, dado que, cuando el futuro se aproxima al presente, inmediatamente se le escapa y, desaparece, saltando al pasado.

Ahora bien, contrario a lo que ocurre al hombre que no tiene presente, Dios está o permanece en un eterno presente en donde no hay pasado ni futuro, porque en el Reino de Dios, lo que pasó y lo por venir, ya son. Su eternidad es un presente en donde todas las cosas que han sido y las que aún no han sido, son. ¡Extraordinario! ¿No es cierto?

Ese mismo presente que cuando se aproxima se le escapa al hombre, saltando inmediatamente del futuro al pasado, es la mismísima condición estable y eterna en que está Dios, es decir, el Reino de Dios está fuera del tiempo.

Pareciera que el Rey Salomón, el Rey Sabio tenía la percepción de esa condición de Dios, por lo cual señaló lo siguiente en Eclesiastés 3:14-15:

> *He entendido que todo lo que Dios hace será perpetuo; sobre aquello no se añadirá, ni de ello se disminuirá; y lo hace Dios, para que delante de él teman los hombres.* ***Aquello que fue, ya es; y lo que ha de ser, fue ya****; y Dios restaura lo que pasó.* (Eclesiastés 3:14-15).

Sin embargo, si bien es cierto que el hombre vive en este mundo que salta del futuro al pasado sin tocar presente [porque al igual que la aguja del reloj, no se detiene nunca en el presente], este tiene la capacidad de acceder el eterno presente de Dios por medio de su fe.

> Es justamente la fe la que puede penetrar el eterno presente de Dios, o sea, penetrar la eternidad para trasladar al hombre al presente que, desde siempre es y ha sido el tiempo del Reino de Dios. Es decir, la fe es la única llave capaz de abrir la puerta de la eternidad y dar acceso al hombre al presente de Dios. Presente al cual, el hombre no tiene acceso sin fe.

En otras palabras, la fe es como una "máquina del tiempo" con la cual el hombre puede atravesar la barrera del tiempo y llegar hasta la eternidad y entrar en sincronía con ella. ¿No es esto grandioso?

> Claramente, las grandes bendiciones que Dios tiene para nosotros, junto con la salvación misma, existen en el tiempo presente eterno de Dios. Todo lo que tenemos que hacer es usar nuestra máquina del tiempo, nuestra fe, entrar en este tiempo presente, sintonizarnos con la eternidad y alcanzar todas las bendiciones de Dios. Esto no es un cuento de hadas sino una verdadera máquina del tiempo a nuestra disposición: Nuestra fe.

Finalmente, vale la pena señalar la siguiente paradoja: el pasado y el futuro entre los que transcurre la vida natural del hombre, al fin de cuentas, en el caso del pasado, ya pasó y, en el caso del futuro, nunca llega. Por lo tanto, siendo tan escurridizos e inestables, ni el pasado ni el futuro son confiables. Paradójicamente, el presente que constituye solamente una ilusión para el hombre natural, es el estado de tiempo realmente estable y confiable. Pero, para que el hombre acceda a ese presente, deberá experimentar la transmutación de su condición natural actual a una nueva condición espiritual que le ofrece Dios. En otras palabras, deberá construir su "máquina del tiempo", o sea, construir y fortalecer su fe, a fin de lograrlo.

12.6.2 *Una palabra más sobre el tiempo*

Por otro lado, el tiempo es un regalo de Dios al hombre. Sin embargo, ese tiempo aquí en la Tierra, es un bien o activo sumamente limitado. Por lo tanto, sin duda alguna, este es mucho más valioso que la plata y el oro, dado que el hombre puede aumentar su posesión de oro y plata, no así del tiempo a su disposición en su condición natural actual ni aquí en este mundo. Así las cosas, es imperativo que cada uno invierta su tiempo con gran sabiduría y prudencia. En consecuencia, el mejor "negocio" que puede hacer un ser humano con su tiempo, es invertirlo para acercarse más y más a Dios. Lo anterior por cuanto al acercarse a Dios, se acerca a la *Vida Eterna* que solo está en Él y, es justamente esa *Vida Eterna* la que dará al hombre *tiempo ilimitado.* Dicho en otras palabras, **si el hombre invierte en Dios el tiempo limitado que está a su disposición en este mundo; tendrá acceso al tiempo ilimitado que está en el Reino de Dios.**

12.7 **Jesucristo: El Primogénito entre los Muertos**

Antes de la "muerte" y resurrección de Jesucristo, ninguna persona había resucitado con cuerpo glorificado. **Jesús es el Primogénito entre los muertos, porque es el primer Hijo de Dios entre los hijos de los hombres que abandonó este mundo y llegó al seno de Dios**. Por eso, Él también es la cabeza o piedra angular de la Iglesia, es decir, Él es la primera piedra preciosa viva de la casa de Dios. Colosenses 1:18 lo declara así:

> ***Y él es la cabeza del cuerpo que es la iglesia,*** *él que es el principio,* ***el primogénito de entre los muertos****, para que en todo tenga la preeminencia; ...* (Colosenses 1:18).

Siendo Jesucristo el Primogénito de Dios, se convirtió en la cabeza del cuerpo de Cristo, del templo de Dios, es decir, en la principal piedra de ángulo de la casa de Dios. Una casa que es *Viva* y que está en construcción y en constante crecimiento. Veamos lo que dice Efesios 2:20-22:

> *Edificados sobre el fundamento de los apóstoles y profetas, siendo la principal piedra del ángulo Jesucristo mismo, en quien* ***todo el edificio, bien coordinado, va creciendo para ser un templo santo en el Señor****; en quien vosotros también sois juntamente edificados para Morada de Dios en el Espíritu.* (Efesios 2:20-22).

12.8 El Canal de Recepción Primario [CRP] y el Canal de Recepción Secundario [CRS] de Jesucristo

Los canales de recepción primario y secundario de Jesucristo estaban plena y completamente desarrollados, por eso, en su condición de hombre, Él recibía por su Canal de Recepción Primario [CRP] toda la comunicación de su Padre y, por el Canal de Recepción Secundario [CRS] tenía la capacidad de "oír" o percibir todos los pensamientos de los hombres y de los entes espirituales. Esto se evidencia en los textos de Lucas 6:7-8 y 11:17. Lucas 6:7-8 trata del pasaje en que Jesús enseñaba en la sinagoga en el día de reposo y estaba un hombre que tenía la mano derecha seca. Veamos:

> *Y le acechaban los escribas y los fariseos, para ver si en el día de reposo lo sanaría, a fin de hallar de qué acusarle.* ***Más él*** *[Jesús]* ***conocía los pensamientos de ellos****; y dijo al hombre que tenía la mano seca: Levántate, y ponte en medio. Y él, levantándose, se puso en pie.* (Lucas 6:7-8).

Lucas 11:17 trata del pasaje cuando Jesús estaba echando fuera un demonio que era mudo, luego del cual el hombre mudo habló y la gente se maravilló y otros decían que Jesús echaba fuera demonios por Beelzebú, príncipe de los demonios:

> ***Mas él, conociendo los pensamientos de ellos****, les dijo: Todo reino dividido contra sí mismo, es asolado; y una casa dividida contra sí misma, cae.* (Lucas 11:17).

En estas y muchas otras citas de la Palabra de Dios, es evidente que Jesús conoce el pensamiento de los hombres. Esto por cuanto tenía ampliamente desarrollado su Canal de Recepción Secundario.

CAPÍTULO 13

CAPSULITAS ESPECIALES

Este capítulo resume de una serie de hechos o verdades que pretenden instruir, aclarar y reforzar conceptos de interés general. Estas capsulitas no están necesariamente relacionadas unas con otras. Pero tienen el propósito de subrayar para resaltar hechos fundamentales que pueden ayudar al lector a aumentar su comprensión del carácter de Dios.

13.1 **Capsulita No.1: Del Amor y la Obediencia, al Sacrificio y, del Sacrificio, al Amor y la Obediencia**

Antes de la caída de Adán y Eva, estos vivían en obediencia, en comunión y, en perfecto amor con Dios. A este período se le denomina período pre-pecado [antes del pecado del hombre], tiempo durante el cual no hubo sacrificios, pues no eran necesarios, porque no había pecado que expiar, dado que no existía pecado en el ser humano. Por eso, previo a la caída de Adán y Eva, lo único necesario era la expresión del amor a Dios por medio de la obediencia a Él. Porque obedeciendo era la manera en que Adán y Eva podían expresar su amor por Dios, y como se sabe, para la desgracia de toda la humanidad, ellos fallaron en eso porque lo desobedecieron.

Por lo tanto, el amor y la obediencia van a ser el fundamento de la relación entre Dios y el hombre (Adán y Eva) durante el período de pre-pecado.

Luego, como se ha dicho repetidamente, después de la caída de Adán y Eva, el pecado corrompió el corazón del hombre y la maldad se apoderó de él, alejándolo de Dios, su Creador. A partir de ese hecho, la ira de Dios se encendía constantemente en contra de los hombres. Dios se separó de ellos y, estos se convirtieron en extraños para Dios. Por lo tanto, la única manera de aplacar su ira transitoriamente y acercar a los hombres a Dios, era que estos realizaran constantes e interminables sacrificios de sangre para expiar sus pecados que para entonces eran muchos y, muy frecuentes. La maldad de los hombres no permitía que el amor, que es la esencia de Dios los alcanzara, como era su voluntad.

Por eso, es el sacrificio y ya no el amor por medio de la obediencia, lo que va a caracterizar la relación entre Dios y los hombres durante ese período. Período que se extiende desde la caída de Adán y Eva hasta la "muerte" y resurrección de Jesucristo.

Es así como, fue necesario e imperativo eliminar el pecado del corazón de los hombres, a fin de restaurar y restablecer su relación con Dios, de acuerdo con los planes y propósitos iniciales que Él tenía para los seres humanos. Por lo tanto, es en dicho entorno y circunstancia que Dios envía a su Hijo para realizar el sacrificio final y último, para rescatar a los hombres del pecado y de la muerte de una vez y para siempre.

Con la limpieza del pecado del corazón del hombre, Dios pudo reiniciar la relación de amor y entrar de nuevo en perfecta comunión con él. De esta manera, una vez terminado el último sacrificio, el sacrificio de Jesucristo; a partir de allí, la relación dominante entre Dios y el ser humano volvió a ser una relación de amor y obediencia como lo fue al principio de su creación durante el período de pre-pecado.

Hoy, con el sacrificio final de Jesucristo, Dios dio a los hombres la posibilidad de volver al período similar de pre-pecado de Adán y Eva en donde estos solamente deben amar a Dios, obedeciéndolo. Por eso, la principal responsabilidad de los hombres de hoy es amar a Dios sobre todas las cosas.

Lo anterior explica el por qué Jesucristo dio al hombre solamente dos mandamientos. El primero: Amar a Dios con todo su corazón, con toda su alma, con toda su mente y con todas sus fuerzas y, el segundo: amar a tu prójimo como a ti mismo.

Los Diez Mandamientos tenían el propósito de evitar que los hombres pecaran, mientras estos dos mandamientos tienen el propósito de establecer un triángulo de perfecto amor entre el Dios Padre, la Esposa del Cordero, es decir, la Iglesia de Cristo y, sus hijos, que son todos y cada uno de los salvos en Cristo.

En resumen, es importante observar que el amor y la obediencia son los dos atributos que dominaron la relación entre el hombre y Dios del período que va desde que Dios creo a Adán y Eva hasta la caída de estos; luego de la cual, dicha relación va a caracterizarse o fundamentarse en sacrificios, período que se extenderá desde la caída de Adán y Eva hasta la "muerte" y resurrección de Jesucristo y, finalmente, se vuelve a un período de amor y obediencia que se inicia con la "muerte" y resurrección de Jesucristo y que se extenderá hasta el fin de este mundo, o sea, hasta cuando Dios cumple su propósito de formar su familia y, así, darse una descendencia.

El Señor manda a los hombres a amarlo con todo su corazón, con toda su alma, con toda su mente y con todas sus fuerzas y, ellos deben de expresar ese amor en forma de obediencia, apartándose del pecado y haciendo siempre la voluntad de Dios. **Debemos tomar buena nota de que este tiempo que vivimos forma parte del período de amor y obediencia que Dios espera de todos nosotros.**

13.2 Capsulita No.2: La Principal Fuente de Energía que Dios puso a Disposición del Hombre

No hay ninguna duda de que Dios puso el Sol como fuente principal de energía para los seres humanos. Sabemos que toda forma de vida en la Tierra solo es posible por la existencia del Sol, o sea, de la energía solar. Incluso, todas las otras formas de energía de que dispone el hombre actualmente; sean a base de hidrocarburos, energía hídrica, atómica, geotérmica, biomasa, eólica y otras, son fuentes derivadas de esa fuente principal: el Sol. Sin embargo, la paradoja es que, con el advenimiento de los avances tecnológicos en los últimos 100 años, el hombre prácticamente ha "vivido a espaldas" al sol, ignorando que esa es la fuente de energía que Dios puso a su disposición para que la explote y la utilice para satisfacer todas sus necesidades.

El Sol, como la fuente primaria de energía de nuestro planeta, sigue a la espera de que los hombres la desarrollen ampliamente para facilitar su vida en la Tierra, por las siguientes razones fundamentales:

1. *La fuente de energía solar es inagotable mientras el hombre esté en este mundo.*
2. *Es la más renovable de las energías renovables que existen en la Tierra.*
3. *Es la fuente de energía más limpia, por cuanto tiene cero grados de contaminación.*
4. *Es la fuente de mayor disponibilidad y accesibilidad que tiene el hombre y, más.*

No obstante, lo anterior, el ser humano ha hecho un uso muy limitado del Sol como fuente de energía. En cambio, ha echado mano primordialmente a las fuentes derivadas o secundarias, especialmente a las fuentes de hidrocarburos, convirtiendo la sociedad global humana en una sociedad "petrocentrista", por girar fundamentalmente en derredor de los hidrocarburos, con énfasis en el petróleo, como fuente principal para llenar sus necesidades.

Veamos la trampa en que ha caído el hombre al poner la fuente de energía a base de hidrocarburos en el centro de su desarrollo, ignorando la voluntad y las intenciones de Dios:

1. *Mientras la energía solar no contamina porque es completamente inocuo para el ambiente, los hidrocarburos constituyen una de las fuentes de energía más contaminantes y destructivas que usa la humanidad. Basta recordar una de las tantas tragedias de buques tanques que han contaminado miles de millones de metros cúbicos de agua de los océanos, kilómetros y kilómetros de playas y que han matado a incontables especies terrestres y marinas. Agréguese a lo anterior, el peor desastre petrolero de la historia, causado por la fuga sin control de millones de barriles de petróleo en el Golfo de México hace solo unos años atrás.*
2. *Mientras el Sol es una fuente de energía infinita, los hidrocarburos constituyen una fuente de energía finita.*
3. *Mientras, en general, los hidrocarburos contaminan y envenenan a la humanidad, a la tierra, al agua, a las especies acuáticas y a la atmósfera, es decir, está impactando negativamente el planeta, el Sol purifica la atmósfera y vivifica la Tierra, porque es una fuente de vida natural.*
4. *Mientras los hidrocarburos no constituyen una fuente de energía libre, o sea, no todos tienen libre acceso a ellos, porque están acaparados por un*

reducido grupo de naciones y estados, el Sol es de acceso universal.

5. *Mientras los hidrocarburos vienen de abajo, es decir, de las entrañas de la Tierra y, en general, constituyen un agente de la muerte, la energía solar viene de arriba, o sea, "del cielo" y es un agente que preserva y mantiene la vida.*
6. *Mientras el Sol fue creado por Dios como bendición, porque de él se alimenta la vida en la Tierra, los hidrocarburos son una especie de maldición, porque se desentierran para esparcir mal sobre todo el planeta como veneno, muerte, contaminación, hambre, explotación, marginación, exclusión, odios, persecuciones, guerras y, más.*

Históricamente los hombres le han dado poca importancia al Sol como fuente de energía, por lo que no se han tomado el tiempo, es decir, no se han apoyado en Dios ni han invertido los recursos suficientes y necesarios como para investigar, "descubrir" y desarrollar la tecnología necesaria para lograr un aprovechamiento universal y eficiente de la energía solar.

Desde la creación, Dios puso en la Tierra todos los elementos necesarios para que el hombre pueda combinarlos y desarrollar la tecnología adecuada para aprovechar la energía solar para todos sus usos y necesidades. Sin embargo, Dios sigue esperando que el hombre dé el paso de fe necesario para ayudarlo a desarrollar dicha tecnología amplia e integralmente.

Una vez que el hombre se interese por el desarrollo de

una verdadera Tecnología Energética [TE] con base en la energía solar, su futuro energético estará garantizado, porque se habrá alineado finalmente con la voluntad de Dios en el campo energético.

Por cierto, con la revisión final de esta obra para su publicación, quiero señalar que los avances dados en investigación y desarrollo de la energía solar en estos últimos años son sorprendentes. Parece que, por fin, el hombre decidió impulsar seriamente el desarrollo tecnológico de la energía solar, sobre todo para la generación eléctrica; consecuentemente, ya para finales de la primera década del siglo XXI, esta se volvió comercialmente competitiva. Por lo tanto, al ritmo actual del avance tecnológico que lleva, se prevé que finalmente, en muy pocos años, la energía solar pasará a ocupar el primer lugar como fuente de generación de electricidad en el mundo. ¡Por fin!

13.3 **Capsulita No.3: El Pobre y el Rico ante los Ojos de Dios**

No es pecado ser rico, por el contrario; Dios desea que todos sus hijos, los creyentes, seamos prósperos en todo y, por supuesto, esa prosperidad incluye el aspecto material.

Después de todo, Jehová Dios es dueño de todas las riquezas y Él desea compartirlas todas con sus hijos e hijas. Lo que Dios detesta es que el hombre le dé primacía a las riquezas y a los bienes materiales sobre Él. Veamos lo que dice 1ª Juan 2:15-17:

> ***No améis al mundo, ni las cosas que están en el mundo. Si alguno ama al mundo, el amor del Padre no está en él.*** *Porque todo lo que hay en el mundo, los deseos de la carne, los deseos de los ojos, y la vanagloria de la vida, no proviene del Padre, sino del mundo. Y el mundo pasa, y sus deseos; pero el que hace la voluntad de Dios permanece para siempre.* (1ª Juan 2:15-17).

El problema es que frecuentemente las riquezas y los bienes materiales suelen convertirse en una gran distracción para el hombre, alejándolo de Dios. Lo anterior, por su inclinación o tendencia de convertirlos en sus ídolos; consecuentemente, de llegar a creer que no necesita de Dios. La trampa es que, al convertirse en una distracción para el hombre, los bienes terrenales suelen apartarlo de lo esencial, es decir, suelen apartarlo de Dios. Así pues, a menudo las riquezas suelen volver necio, insensato e insensible a sus poseedores. Insensibles, especialmente con respecto a sus sentidos espirituales y, esto trae como consecuencia, el endurecimiento de su corazón y, que estos vivan a espaldas de Dios. La realidad es la siguiente: si el hombre no tiene a Dios, nada tiene.

En el caso del hombre pobre, como no tiene bienes materiales, o tiene muy pocos, no suele sufrir tanta distracción de parte de ellos y, al no tener que ocuparse de las riquezas ni de muchos bienes, tiende más a acercarse a Dios para buscar su favor y protección. En algunos casos, esa búsqueda de Dios es casi desesperada, a fin de asirse a Él por necesidad, justamente a falta de dichos bienes. Sin embargo, a pesar de que a menudo, es esa necesidad la que lo impulsa a acercarse a Dios, eso agrada y complace al Señor pues, le abre la oportunidad de tratar con su corazón al no estar distraído ni atrapado por los bienes terrenales.

Es importante señalar que hay excepciones, porque se da también el caso en que muchos pobres se dejan contaminar por su enorme deseo de adquirir riquezas, lo que frecuentemente suele empujarlos al precipicio de la envidia y la codicia.

Por otro lado, la riqueza suele hacer que algunas personas ejerzan su libre albedrío para dar su espalda a Dios, rechazarlo y escoger el mundo, mientras, la pobreza suele lograr que muchas personas pobres, en el ejercicio de su libre albedrío, escojan a Dios, se sometan a Él, lo amen y, lo obedezcan.

Por otro lado, existen ricos que dedican gran parte de su tiempo y su fortuna a servir a Dios, auxiliando y sirviendo a los pobres. De esta manera, son muchas las excepciones que se dan en ambos bandos.

En resumen, hoy, en general, los ricos en bienes terrenales suelen empobrecerse en la fe, mientras, los pobres en bienes terrenales suelen enriquecerse en la fe. Santiago 2:5 lo expresa de la siguiente manera:

> *Hermanos míos amados, oíd:* ***¿No ha elegido Dios a los pobres de este mundo, para que sean ricos en fe*** *y herederos del reino que ha prometido a los que le aman?* (Santiago 2:5).

¡Cómo agradaría al Señor que el rico en bienes terrenales se contara como pobre delante de Dios!, y que, este lo buscara con todo su corazón para alcanzar la verdadera riqueza, es decir, la riqueza en la fe, la riqueza espiritual que es la única que lleva a la *Vida Eterna*.

Es importante señalar que esta dicotomía entre el rico y el pobre no tiene que ser así. Incluso, no es así con muchísima gente rica en bienes terrenales, las cuales han entendido que la verdadera riqueza está en el amor a Dios. Sin embargo, hoy, desgraciadamente, lo primero es la regla y lo contrario son las excepciones.

En los tiempos del Antiguo Testamento, la prosperidad material de los grandes siervos de Dios no constituía una excepción, más bien, era la regla. Abraham, Isaac, Jacob, José, Job, David, Salomón y muchos más, son solo algunos de los muchos ejemplos de personas que tuvieron abundancia de riquezas y bienes terrenales y que, al mismo tiempo, amaron a Dios entrañablemente. Estos siervos de Dios entendían inequívocamente que todas las cosas son de Dios, por Dios y para Dios, quien es el Creador de todo y, por eso, sabían; asimismo, que su dependencia debía ser del Señor, el Creador, la Fuente, el Proveedor y el Dueño de todo. Esto lo expresan, tanto el Rey David como Job en 1ª Crónicas 29:11-14 y en Job 1:21 respectivamente en los pasajes que se consignan a continuación:

> *Tuya es, oh Jehová, la magnificencia y el poder, la gloria, la victoria y el honor; porque* ***todas las cosas que están en los cielos y en la tierra son tuyas****. Tuyo, oh*

Jehová, es el reino, y tú eres excelso sobre todos.

Las riquezas y la gloria proceden de ti, y tú dominas sobre todo*; en tu mano está la fuerza y el poder, y en tu mano el hacer grande y el dar poder a todos.*

Ahora pues, Dios nuestro, nosotros alabamos y loamos tu glorioso nombre.

Porque ¿Quién soy yo, y quién es mi pueblo, para que pudiésemos ofrecer voluntariamente cosas semejantes? ***Pues todo es tuyo, y de lo recibido de tu mano te damos****.* (1ª Crónicas 29:11-14).

Y dijo [Job]: Desnudo salí del vientre de mi madre, y desnudo volveré allá. ***Jehová dio, y Jehová quitó****; sea el nombre de Jehová bendito.* (Job 1:21).

Todos estos hombres tenían bien clara su posición con respecto a las riquezas y los bienes materiales y su relación con Dios y, es esta claridad la que les permitió mantener sus ojos en el Creador y no en su creación como suele suceder hoy. De ellos tenemos mucho que aprender en cuanto a primacía de Dios en su relación con los bienes materiales.

13.4 Capsulita No. 4: ¿Por qué el Creyente debe Congregarse?

Hay muchas razones por las que es fundamental congregarse y, la mayoría de los creyentes las conocen muy bien. Sin embargo, a manera de ratificación y, para las personas que suelen ignorar su conveniencia, se señalan las siguientes tres razones que justifican que las personas se congreguen:

1. *Dado que el destino final de los creyentes será estar juntos formando parte de la santa y real familia de Dios, constituirse en su morada y, que en la eternidad ningún creyente podrá estar apartado como un lobo solitario aislado de los demás. Por eso, congregarse para el creyente es como ensayar y demostrar desde ahora que es capaz de convivir en comunión y armonía con sus hermanos, siendo esa la condición en que estará por toda la eternidad.*
2. *Porque es preciso que los creyentes se congreguen para interactuar unos con otros, soportándose con paciencia y animándose los unos a los otros y, apoyándose mutuamente en su proceso de crecimiento hacia la madurez espiritual plena.*
3. *Por otro lado, cuando un grupo de creyentes se congregan en el nombre de Jesús, a Dios le complace mucho; consecuentemente, se coloca entre ellos dispuesto a desplegar su inmenso poder y autoridad en medio de ellos. Mateo 18:20*

lo señala así, lo cual constituye una promesa para todos los creyentes:

Porque donde están dos o tres congregados en mi nombre, ***allí estoy yo en medio de ellos***. (Mateo 18:20).

Aquí lo que ocurre es que, cuando los creyentes se congregan en armonía y se ponen de acuerdo sobre cualquier cosa, como, por ejemplo, para alabar al Señor o hacerle alguna petición; por el *Principio inverso del holograma*, el Espíritu Santo, o sea, el *pedazo del holograma de Dios* que mora con cada uno de ellos, se une y se funde en uno solo, estableciendo una especie de *Espíritu Maestro* en medio de ellos. Este *Espíritu Maestro* es semejante al resultado de una llama de fuego que enciende varias candelas que luego se juntan para formar una *llama de fuego más grande*; pero que en el fondo sigue siendo la misma llama, es decir, el mismo Espíritu de Dios desplegando más poder en medio de ellos. Así, dicha congregación de creyentes constituye; asimismo, una especie de *Mini-Iglesia de Cristo.* En otras palabras, se trata del mismo Espíritu Santo de Dios complacido en medio de su pueblo, y es esa unión y complacencia del Espíritu Santo la que produce la llenura del Espíritu en ellos, por lo tanto, suele desatar gran poder en todos y cada uno de los creyentes allí congregados.

Un excelente símil es el de varios trozos de carbón que, se encienden con una misma llama y que, ya encendidos, si se mantienen separados, cada trozo adquiere su luz y brillo propio; pero si se juntan, encienden un poderoso fuego que suele brillar con mucha más intensidad que el brillo de cada trozo de carbón solo. Ahora bien, nótese que se trata de la misma llama en cada trozo de carbón, al igual que es el mismo Espíritu Santo presente en cada creyente. De la misma manera que, al unirse los trozos de carbón encendidos suelen avivar una gran llama y aumentar su intensidad y poder, el mismo Espíritu Santo en el corazón de cada creyente estando juntos y en armonía, suele desatar su gran poder en medio de ellos.

En resumen, los creyentes deben congregarse porque juntos suelen avivar la intensidad de la Luz y el Poder que hay en todos y en cada uno de ellos; consecuentemente, si estos no se congregan, cada uno será como un trozo de carbón encendido, que estando solo, eventualmente suele perder su brillo e intensidad para luego apagarse casi inevitablemente.

13.5 **Capsulita No.5: La Importancia de la Sabiduría**

La Sabiduría es uno de los siete espíritus de Dios. Pero no es un espíritu diferente al Espíritu Santo. Porque en realidad, la Sabiduría es una de sus *personificaciones* y *atributos*. En Isaías 11:1-2, se señalan los siete Espíritus de Dios, veamos:

> *Saldrá una vara del tronco de Isaí, y un vástago retoñará de sus raíces. Y reposará sobre él el* ***Espíritu de Jehová;*** *espíritu de* ***sabiduría*** *y de* ***inteligencia,*** *espíritu de*

> ***consejo** y de **poder**, espíritu de **conocimiento** y de **temor de Jehová**.* (Isaías 11:1-2).

Como se dijo, la Sabiduría es un espíritu, una personificación del Espíritu Santo y, por cierto, es un espíritu militante y activo. Incluso, la Sabiduría es un *Espíritu Parlante* que suele hacer declaraciones concretas a los hombres. Es preciso que el creyente busque y adquiera sabiduría y la trate como uno de sus más preciados tesoros. Veamos lo que señala Proverbios 4:5-8 y 8:11, 19:

> ***Adquiere sabiduría, adquiere inteligencia**; no te olvides ni te apartes de las razones de mi boca; no la dejes, y ella te guardará; ámala, y te conservará. **Sabiduría ante todo; adquiere sabiduría**; y sobre todas tus posesiones adquiere inteligencia. Engrandécela, y ella te engrandecerá; ella te honrará, cuando tú la hayas abrazado.* (Proverbios 4:5-8).

> ***Porque mejor es la sabiduría que las piedras preciosas**; y todo cuanto se puede desear, no es de compararse con ella.* (Proverbios 8:11).

En Proverbios 8:19, el mismísimo Espíritu de Sabiduría declara lo siguiente:

> ***Mejor es mi fruto que el oro, y que el oro refinado**; y mi rédito mejor que la plata escogida.* (Proverbios 8:19).

Como testimonio de la gran militancia y activismo de la Sabiduría, esta clama a los hombres porque desea que la amen, para que, a cambio, ella pueda amarlos, porque la Sabiduría se deleita en las personas. Veamos las declaraciones que, en ese sentido, ella misma da en Proverbios 8:4, 17, 31:

> ***Oh hombres, a vosotros clamo****; dirijo mi voz a los hijos de los hombres.* (Proverbios 8:4).

> ***Yo amo a los que me aman****, y me hallan los que temprano me buscan.* (Proverbios 8:17).

> *Me regocijo en la parte habitable de su tierra; y* ***mis delicias son con los hijos de los hombres****.* (Proverbios 8:31).

Los siguientes son algunos de los beneficios que tendrán las personas que aman la Sabiduría, la adquieren y la atesoran en su corazón:

1. **Sabiduría y cordura**

Dado que la Sabiduría mora junto con la cordura, al adquirir Sabiduría, el creyente de paso, adquiere también cordura. En Proverbios 8:12, la mismísima Sabiduría lo declara de la siguiente manera:

> *Yo, la sabiduría,* ***habito con la cordura****, y hallo la ciencia de los consejos.* (Proverbios 8:12).

2. **Consejo, buen juicio e inteligencia y poder**

Junto con la Sabiduría, vienen en "combo" el consejo y el buen juicio que están con ella y, la inteligencia que es la Sabiduría misma, además, del poder que le pertenece. En Proverbios 8:14, de nuevo la Sabiduría hace la siguiente declaración:

> ***Conmigo está el consejo y el buen juicio;***
> ***Yo soy la inteligencia; mío es el poder.***
> (Proverbios 8:14).

3. **Riquezas, honra y justicia**

La Sabiduría es tan impresionante que también con ella están las riquezas, la honra y la justicia. Por lo tanto, el que busca y encuentra Sabiduría, con ella también recibirá las tres también en "combo". La Sabiduría misma lo declara de la siguiente manera en Proverbios 8:18:

> ***Las riquezas y la honra están conmigo;***
> ***riquezas duraderas, y justicia.***
> (Proverbios 8:18).

4. **Heredad y tesoros**

Además, la Sabiduría dará heredad y llenará los tesoros de todos los que la aman. La misma lo establece de la siguiente manera en Proverbios 8:21:

Para hacer que los que me aman tengan su heredad, ***y que yo llene sus tesoros****.* (Proverbios 8:21).

5. **Bienaventuranza**

La Sabiduría le asegura bienaventuranza a quienes la escuchan, vela a sus puertas y guarda sus caminos. Veamos como ella misma lo señala en Proverbios 8:32, 34:

Ahora, pues, hijos, oídme, y ***bienaventurados los que guardan mis caminos****.* (Proverbios 8:32).

Bienaventurado el hombre que me escucha*, velando a mis puertas cada día, aguardando a los postes de mis puertas.* (Proverbios 8:34).

6. ***Vida Eterna*** **y favor de Dios**

Finalmente, la Sabiduría declara que aquel quien la halla, hallará la Vida misma, es decir, por haber hallado la Sabiduría, logrará el favor de Dios. Por consiguiente, obtendrá la *Vida Eterna*. Veamos las propias declaraciones de la Sabiduría en Proverbios 8:35:

Porque el que me halle, hallará la vida, y alcanzará el favor de Jehová. (Proverbios 8:35).

De esta manera, queda claro que es fundamental, es vital que el creyente busque, encuentre, ame y guarde celosamente la Sabiduría, porque es con ella y con su apoyo, que obtendrá *Vida Eterna* en el Reino de Dios.

13.5.1 ***¿Cómo y dónde encontrar la Sabiduría?***

Como se dijo antes, la Sabiduría es uno de los siete espíritus o manifestaciones del Espíritu Santo. Esta se encuentra en la Palabra de Dios. Por eso no se puede sobreestimar la importancia de leer, estudiar, auscultar, rumiar y meditar la Palabra de Dios todos los días.

Vale la pena recordar; asimismo, la oración de petición al Señor, en busca de sabiduría y revelación, parafraseando Efesios 1:17, la cual se consignó al inicio de este libro:

> *Padre de gloria,* ***dame un espíritu de sabiduría*** *y revelación en el conocimiento de Dios.* (Efesios 1:17).

En otras palabras, una petición específica al Señor por Sabiduría agradará a Dios, por lo tanto, Él responderá y se la concederá a todos los que, de corazón, es decir, con fe le hacen dicha petición. Pero la misma siempre estará condicionada a que el creyente dé el necesario paso de fe, buscando la Sabiduría en la Palabra de Dios.

Finalmente, vale la pena recordar que los libros de la Biblia en que, por excelencia, el creyente podrá encontrar Sabiduría e incluso hacerse sabio son *Proverbios y Eclesiastés.*

Proverbios y Eclesiastés, especialmente el primero, son un manual, una especie de "Hoja de Ruta" hacia la Sabiduría y, en realidad es lógico que así sea, porque muchos de los Proverbios fueron escritos por el Rey Salomón, el hombre más sabio que ha vivido con la excepción de Jesús. Entonces, pareciera sensato recurrir al libro del más sabio de los hombres, a fin de adquirir Sabiduría. Así entonces, se recurre a toda la Biblia en general para adquirir Sabiduría; pero, específicamente, a los libros Proverbios y Eclesiastés.

13.5.2 *El sabio, el simple y el necio*

Todos los hombres sin excepción, están clasificados dentro de una de las siguientes categorías a saber: sabio, simple o necio.

- **El sabio**

Ya se dijo que la Sabiduría es uno de los siete espíritus, personificaciones o manifestaciones del Espíritu Santo. Asimismo, la verdadera Sabiduría es solamente una y, esta es, la Sabiduría de Dios. Fuera de la Sabiduría de Dios, lo que hay es la necedad del hombre. Por lo tanto, no hay verdadera Sabiduría que no haya sido dada directa o indirectamente por Dios. Proverbios 2:6 lo declara de la siguiente manera:

Porque ***Jehová da la sabiduría****, y de su boca viene el conocimiento y la inteligencia.* (Proverbios 2:6).

Por lo tanto, solamente de Dios se puede adquirir verdadera Sabiduría y, Dios revela Sabiduría fundamentalmente por medio de su Palabra. En general, los creyentes son sabios porque la Sabiduría les ha sido revelada y enseñada por el Espíritu Santo por medio de la Palabra de Dios. Por eso es necesario que todo creyente ausculte, rumie y medite en la Palabra de Dios todos los días, para ser más y más sabio.

- **El necio**

La necedad es la antítesis de la Sabiduría. Necio es todo aquel que no es sabio, es decir, que no tiene el espíritu de Sabiduría. Los necios confían en su propia opinión. Todos los incrédulos y los que rechazan y niegan a Dios, están en la categoría de necios.

- **El simple**

Toda persona además de nacer muerta, nace simple [ingenua, ignorante, sin experiencia]. Luego, en el desarrollo de su vida se vuelve sabia o necia. Por eso, para que sea la Sabiduría la que gobierne la vida de una persona, esta debe ser atesorada abundantemente en su corazón. De manera que, es fundamental que las hijas e hijos de los hombres, especialmente, de los creyentes sean criados en los preceptos y admonición de Dios y, con un amplio conocimiento de su Palabra. Lo anterior con el propósito de que transiten de la condición de simples a la condición de sabios, a fin de que sea la Sabiduría de Dios y no la necedad de los hombres la que prevalezca en su vida.

13.5.3 *La importancia del Espíritu de Sabiduría para Dios*

Sin ninguna duda, la Sabiduría es fundamental para Dios; tan es así que como se vio anteriormente, la Sabiduría constituye uno de sus siete espíritus, personificaciones o manifestaciones a través del Espíritu Santo. Por otro lado, fue con la Sabiduría que Dios hizo toda la creación. Para comprender la importancia que tiene la Sabiduría para Dios, examinemos lo que ella misma declara al respecto en Proverbios 8:22-30:

> ***Jehová me poseía en el principio, ya de antiguo, antes de sus obras****. Eternamente tuve el principado, desde el principio, antes de la tierra. Antes de los abismos fui engendrada; antes que fuesen las fuentes de las muchas aguas. Antes que los montes fuesen formados, antes de los collados, ya había sido yo engendrada; no había aún hecho la tierra, ni los campos, ni el principio del polvo del mundo.*
>
> *Cuando formaba los cielos, allí estaba yo; cuando trazaba el círculo sobre la faz*

> *del abismo; cuando afirmaba los cielos arriba, cuando afirmaba las fuentes del abismo; cuando ponía al mar su estatuto, para que las aguas no traspasasen su mandamiento; cuando establecía los fundamentos de la tierra,* ***con él estaba yo ordenándolo todo****, y era su delicia de día en día, teniendo solaz delante de él en todo tiempo.* (Proverbios 8:22-30).

La claridad de la anterior descripción refleja cómo el Espíritu de Sabiduría tuvo protagonismo, "acompañando" a Dios durante la creación de los cielos y la tierra, o sea, del universo. Por eso, la Sabiduría deberá ser nuestro "permanente acompañante".

13.6 **Capsulita No.6: El Ministerio Pastoral y los Grandes Siervos de Dios**

Pareciera que hoy, a muchos siervos de Dios ya no les gusta el don ministerial de ser pastor. Esta afirmación se basa en el hecho de que, en los últimos años, se ha dado una desbandada, una especie de estampida entre los siervos del Señor que ejercen dicho ministerio. Incluso, algunos ya no les gusta que se les llame pastor, sino apóstol, profeta, evangelista, que son las nomenclaturas que están de moda dentro de la comunidad de creyentes en estos días.

Una hermana de la fe, en días pasados, señaló que ya su líder espiritual había superado el nivel de pastor, dando a entender que este es un nivel bajo y de menor rango e importancia en el ministerio de Dios y, que él había alcanzado el gran nivel de apóstol. Es lamentable que, en la comunidad de creyentes se esté entronizando la idea de que ser pastor representa una categoría ministerial de menor importancia y, por lo tanto, es menos honrosa que otros ministerios. ¡Cuánta ignorancia!

Veamos cómo en Efesios 4:11-12, se señalan los cinco ministerios que instituyó el Señor, a fin de perfeccionar a los santos y edificar su iglesia:

> *Y él mismo constituyó a unos, **apóstoles;** a otros, **profetas;** a otros, **evangelistas;** a otros, **pastores** y **maestros**.* (Efesios 4:11-12).

Pero, de ninguna manera el Señor estableció rangos de importancia o niveles de superioridad entre ellos, porque para los propósitos de Dios, todos son de crucial importancia y relevancia. Además, se trata de ministerios que se complementan entre sí como parte de las estrategias necesarias para que se cumplan los propósitos de Dios. Asimismo, es vital reconocer que es el Señor y nadie más, el que ha repartido dichos dones ministeriales entre los hombres y, que, incluso, a algunos les ha dado más de uno de ellos.

Lo paradójico de la tendencia de hoy de menospreciar el ministerio pastoral es que, en toda la Biblia este ocupa un grado sumo y especialmente relevante. Hay aspectos espirituales profundos en el llamado al ministerio pastoral. La condición de pastor y lo que dicho ministerio representa, permite al Señor trabajar profundamente con el corazón de muchos de sus siervos.

El don de pastor suele desarrollar una serie de virtudes y atributos muy especiales en quienes ejercen ese ministerio. Virtudes o atributos tales como el amor, la obediencia, la paciencia, la compasión, el sufrimiento y más, los cuales son muy apreciados por el Señor. No en vano, muchos de los grandes siervos de Dios del Antiguo Testamento fueron pastores: Abel, los tres patriarcas: Abraham, Isaac y Jacob; los grandes siervos de Dios, José, Moisés, David, entre otros. Por otro lado, el propio Jesús quien, si bien es cierto, en un inicio fue carpintero y no pastor de ovejas en lo natural, sí lo fue en lo espiritual. Es más, Jesús es sin duda alguna, el Pastor de pastores, el Príncipe de los pastores, o sea, Él es el Buen Pastor.

En resumen, hay algo muy especial en ser pastor; existe tanta bendición para la persona que ejerce dignamente el ministerio pastoral. Porque el pastor es quien tiene la relación más íntima con las ovejas y, el compromiso de siempre estar ahí con ellas, es decir, de siempre estar en la brecha: guiándolas, protegiéndolas, cuidándolas y nutriéndolas.

13.7 Capsulita No.7: La Palabra de Dios y las Parábolas, Símiles, Metáforas, Alegorías e Ironías

El Señor habla mucho en parábolas, símiles, metáforas, alegorías, e incluso, en ironías. Estas expresiones son muy frecuentes en la Palabra de Dios, tanto en el Antiguo Testamento; pero especialmente, en el Nuevo Testamento.

Dichas expresiones antes citadas, son las llamadas figuras literarias. Sin embargo, el Señor las usó desde siempre, especialmente a partir de que el hombre cayó en pecado. Estas figuras literarias suelen ilustrar el carácter de Dios y, revelar misterios y verdades de su Reino. Por eso, el Espíritu Santo suele desarrollar en el creyente, la capacidad de entenderlas. Lo anterior, a fin de que se conviertan en lecciones que fortifiquen su fe. Jesús es quien más las usó en sus jornadas de enseñanza durante su permanencia física entre los hombres.

Por otro lado, el entendimiento del hombre natural suele estar bloqueado frente a dichas expresiones, por lo tanto, este no tiene la capacidad de entender la Palabra de Dios expresada por medio de ellas.

De manera que, la Palabra de Dios está llena de parábolas, alegorías, símiles, metáforas y otras figuras literarias para que el creyente ausculte, escrute, descubra e internalice los misterios y los grandes atributos y verdades del Reino de Dios; no así el hombre natural para el cual dichas verdades están veladas o escondidas.

Lo de que el Señor habla en alegorías, lo confirma Jesús mismo en Juan 16:25 cuando declara lo siguiente:

> *Estas cosas* ***os he hablado en alegorías****; la hora viene cuando ya* ***no os hablaré por alegorías****, sino que claramente os anunciaré acerca del Padre.* (Juan 16:25).

Por otro lado, Marcos 4:10-12 y Lucas 8:10 confirman que uno de los propósitos del uso de parábolas en la

Palabra de Dios es para que los incrédulos no las entiendan. Veamos:

> *Cuando estuvo solo [Jesús], los que estaban cerca de él con los doce le preguntaron sobre la parábola. Y les dijo: A vosotros os es dado saber el misterio del reino de Dios;* ***mas a los que están fuera, por parábolas todas las cosas; para que, viendo, vean y no perciban; y oyendo, oigan y no entiendan****; para que no se conviertan, y les sean perdonados los pecados.* (Marcos 4:10-12).

> *Y él dijo: A vosotros os es dado conocer los misterios del reino de Dios;* ***pero a los otros por parábolas, para que viendo no vean, y oyendo no entiendan****.* (Lucas 8:10).

Lo anterior se explica porque dichas expresiones solo pueden ser percibidas y entendidas por los sentidos espirituales del hombre. Recuérdese que el hombre natural tiene obstruidos o atrofiados sus sentidos espirituales.

Para sobreabundar en las razones por las que el Señor suele usar dichas figuras, veamos lo que dice Jesús en Mateo 13:13-16 y en Juan 8:47:

> *Por eso les hablo por parábolas:* ***porque viendo no ven, y oyendo no oyen, ni entienden****. De manera que se cumple en ellos la profecía de Isaías, que dijo:* ***De oído oiréis, y no entenderéis; y viendo***

> ***veréis, y no percibiréis****. Porque el corazón de este pueblo se ha engrosado, y con los oídos oyen pesadamente, y han cerrado sus ojos; para que no vean con los ojos, y oigan con los oídos, y con el corazón entiendan, y se conviertan, y yo los sane. Pero bienaventurados vuestros ojos, porque ven; y vuestros oídos, porque oyen.* (Mateo 13:13-16).

> ***El que es de Dios, las palabras de Dios oye****; por esto no las oís vosotros, porque no sois de Dios.* (Juan 8:47).

La expresión que usa el Señor en donde dice: "Porque viendo no ven y, oyendo no oyen, ni entienden", se refiere al hecho de que, aunque el hombre tiene abiertos sus sentidos naturales [ojos, oídos, tacto, etc.], no puede entender las parábolas, metáforas, símiles ni alegorías expresadas en la Palabra de Dios. Porque tiene bloqueados sus supra-sentidos o sentidos espirituales que son los sentidos con las que estas se pueden entender.

Pero también hay casos en que las parábolas del Señor están veladas aun para los creyentes, hasta que el Señor quiera revelarles su significado. Esto aconteció incluso a sus discípulos. Lucas 9:45 lo señala de la siguiente manera:

> ***Mas ellos [sus discípulos] no entendían estas palabras, pues les estaban veladas*** *para que*

> *no las entendiesen; y temían preguntarle sobre esas palabras.* (Lucas 9:45).

Por lo tanto, es preciso que el hombre sea creyente y que busque al Señor con todo su corazón, para llegar a entender los misterios del Reino de Dios. Proverbios 28:5 lo expresa de la siguiente manera:

> *Los hombres malos no entienden el juicio; mas* ***los que buscan a Jehová entienden todas las cosas****.* (Proverbios 28:5).

Una de las metáforas que más ha intrigado al hombre, e incluso a muchísimos creyentes, es cuando Jesús dijo a uno de sus discípulos, en Mateo 8:22:

> *Jesús le dijo: Sígame;* ***deja que los muertos entierren a sus muertos****.* (Mateo 8:22).

En este caso específico, lo que Jesús le dijo a su discípulo es que dejara que los hombres naturales, es decir, los que están espiritualmente muertos, se encarguen de dar sepultura a sus muertos, es decir, a los que partieron de este mundo.

13.8 **Capsulita No.8: La Sabiduría de los Teólogos**

El caso de los teólogos es muy interesante y revelador. En pocas palabras, la teología es el estudio de Dios. Se supone entonces, que los teólogos son los que más saben de Dios, porque su profesión y ocupación es justamente estudiar a Dios, es decir, al ser estos los expertos y especialistas por excelencia en el tema: Dios. Sin embargo y, paradójicamente, esa suposición no es necesariamente cierta.

Es preciso señalar para aclarar que hay teólogos creyentes y teólogos incrédulos. Los teólogos creyentes obviamente han aceptado a Jesucristo como su Señor y salvador, por lo tanto, han recibido al Espíritu Santo, quien mora con ellos en su corazón. De manera que, tienen el *pedazo del holograma de Dios* morando con ellos en su corazón. Ahora bien, si, además, son estudiosos de la Palabra de Dios y, por lo tanto, temerosos de Dios y obedientes a sus preceptos, entonces, sin duda alguna, estarán entre los hombres que más conocen al Señor, su carácter y sus propósitos.

Pero si, por el contrario, no han aceptado a Jesucristo como su Señor y salvador y, por lo tanto, no tienen el Espíritu Santo en su corazón, entonces, son sencillamente personas naturales, muertas espiritualmente; consecuentemente, sin ninguna capacidad de entender los misterios del Reino de Dios.

Por lo tanto, dichos teólogos simplemente tienen a la teología como una profesión más, es decir, como una manera de ganarse la vida. Sin embargo, tienen el siguiente problema y desventaja: les está velado o bloqueado el conocimiento del Reino de Dios; consecuentemente, de ninguna manera son expertos en el tema de Dios. Lo anterior, aun cuando pudieran repetir algunos conceptos adquiridos y aprendidos de memoria. Porque su corazón está en tinieblas, es decir, está muerto. Por consiguiente, sin sabiduría, discernimiento ni entendimiento. Es posible que tengan conocimiento intelectual, mas no necesariamente espiritual.

Por cierto, existen teólogos que no han aceptado al Señor como su Señor y salvador, de manera que son incrédulos.

13.9 **Capsulita No.9: Jehová, un Dios de Variedad y Diversidad**

Jehová es un Dios de variedad y de gran diversidad; su creatividad y capacidad innovadora es tan grande que todo lo que Él ha creado es único e irrepetible, y paradójicamente, este extraordinario atributo de Dios es quizás, uno de los menos valorados y apreciados por el hombre.

Cuando Dios creó el universo, lo llenó de una infinita variedad y diversidad de cuerpos celestes. Asimismo, la Tierra fue creada con una gran variedad y diversidad de especies tanto en el reino vegetal como, en el animal. Desde los seres microscópicos hasta los animales grandes y portentosos. Luego, creó al hombre, la obra maestra de su creación y, a unos los creó negros, blancos, morenos, amarillos, altos, bajos, medianos, entre otros. Lo anterior, como testimonio de su gran creatividad y de su amor por la diversidad. Pero lo más espectacular e impresionante de Jehová nuestro Dios es que creó a cada uno, único e irrepetible.

Sin embargo, esa infinita creatividad de Dios, lejos de ser valorada y apreciada por los hombres; en mucho ha servido para que estos frecuentemente desprecien y rechacen todo lo que es distinto a ellos o lo que no les es familiar. Lo anterior, sin darse cuenta de que todo es parte de la maravillosa creación de Dios. Por lo tanto, al despreciar, rechazar, marginar o excluir parte de su creación; en realidad, a quien están despreciando, rechazando, marginando o excluyendo es al mismísimo Dios, quien hizo todas las cosas de acuerdo a su infinita creatividad y soberana voluntad.

A consecuencia de lo anterior, **ningún ser humano puede genuinamente proclamar su amor por Dios, mientras, por otro lado, desprecia parte de su creación**.

Muchos creyentes pasan su vida discriminando, despreciando, marginando, excluyendo y oprimiendo a otras personas, incluso, a otros creyentes. De modo que ignoran que las personas que están despreciando, son parte de la obra maestra de la creación de Dios. Un Dios que no hace acepción de personas y, que, por el contrario, nos manda a todos a amar a nuestro prójimo como a nosotros mismos.

13.9.1 *Cuando el hombre hace acepción de personas suele estorbar a Dios*

Los creyentes debemos cuidarnos de no estorbar a Dios. Ahora bien, frecuentemente muchas personas e incluso, creyentes suelen hacer acepción de personas, cuando el Señor nos ordena claramente no hacerlo.

¿Y por qué el Señor no quiere que el creyente haga acepción de personas?, ¿y qué significa realmente hacer acepción de personas? Hacer acepción de personas es discriminar e incluso marginar a unas personas, en relación con otras, es decir, es favorecer injustamente a unas sobre otras. En otras palabras, es dar preferencias injustificadas a unas personas frente a otras.

No hay que olvidar que cada persona es una obra maestra de la creación de Dios, por lo tanto, Él no acepta que ninguna persona de manera directa o indirecta discrimine a uno de los suyos sobre otros.

No obstante, son muchísimos los creyentes que desobedecen dicho mandamiento de Dios y suelen discriminar a otras personas, e incluso, a otros creyentes que son sus hermanos o hermanas en Cristo.

La verdad es que el creyente no solo debería aceptar, sino celebrar la diversidad, es decir, las diferencias que Dios ha establecido entre los seres humanos. Diferencias de color, lengua, etnia, cultura, nacionalidad y, más, que, por desgracia, el mundo suele satanizar. Diferencias que por lo menos, deberían ser toleradas por el creyente. Porque la única diferencia que este debería establecer es, entre los que son y, los que no son de Cristo y, en este caso, para que el creyente sea especialmente misericordioso con los que no son de Cristo y, haga un genuino esfuerzo para evangelizarlos y convertirlos al Señor.

Por eso, cuando un creyente hace acepción de personas, corre el riesgo de estorbar la obra de Dios, es decir, el riesgo de estorbar a Dios.

Veamos el caso que se describe en el libro de los Hechos, cuando Pedro y la mayoría de los apóstoles hacían acepción de personas, porque no aceptaban que el evangelio fuera también para los gentiles. Lo anterior cuando este fue ordenado por el Señor que fuera a Cesarea a visitar a Cornelio. Hechos 10:34-35 y 11:17 tipifica la situación de la siguiente manera:

> *Entonces Pedro, abriendo la boca, dijo: En verdad comprendo que* ***Dios no hace acepción de personas****, sino que en toda nación se agrada del que le teme y hace justicia.* (Hechos 10:34-35).

> *Si Dios, pues, les concedió también el mismo don que a nosotros que hemos creído en el Señor Jesucristo,* ***¿quién era yo que pudiese estorbar a Dios****?* (Hechos 11:17).

El creyente nunca debe olvidar que todos los que aceptan a Jesucristo en su corazón como su Señor y salvador, son engendrados por Dios por medio de su Santo Espíritu, por lo que se convierten en sus hijos e hijas, es decir, nada menos que en los hijas e hijos de Dios; consecuentemente, forman parte de la gran familia de Dios, por lo tanto, son sus hermanos y hermanas. Lo anterior no tiene que ver con color, etnia, cultura, nacionalidad ni con nada físico o natural. Porque, como se dijo antes, el Señor es un Dios de variedad y diversidad, por lo que entre sus hijos e hijas hay de todos los "colores y sabores". Además, recuérdese que, en su destino final, el creyente será solo espíritu, por lo que sus características físicas actuales serán totalmente irrelevantes.

EPÍLOGO

Para terminar, una vez más, doy gracias a Jehová mi Dios y Señor por el incalculable e inconmensurable valor del regalo con que me honró, empleándome como su siervo e instrumento para escribir este libro cuyo propósito es, por un lado, ponerlo a la disposición de todos los hombres y mujeres sin distingo alguno, a fin de compartir con ellos, su misterio, *el misterio de Dios, y* sobre todo, para ponerlo al alcance de quienes valoran y aprecian toda acción de Dios que viene a intensificar la luz de su entendimiento. Por consiguiente, a robustecer el compromiso de su vida con el Reino de Dios.

Por todo lo anterior, en el poderoso nombre de Jesús, permítame bendecirte a ti, generoso lector o lectora y, te invito para que, inmediatamente después de finalizar la lectura de este libro, honremos al Dios Todopoderoso, dándole las gracias por revelarnos su misterio y, a la vez, proponiéndonos como meta suprema de vida, el cumplimiento fiel y cabal de los dos mandamientos que nos dejó nuestro Señor Jesucristo. Por un lado, el compromiso de *amar al Señor nuestro Dios con todo nuestro corazón y, con toda nuestra alma y, con toda nuestra mente y con todas nuestras fuerzas* y, por otro lado, el de compromiso de *amar a nuestro prójimo como a nosotros mismos.*

Porque este es el momento justo para *pedirle ayuda a Dios*, mientras damos *el primer paso de fe* hacia el cumplimiento de *ambos compromisos de amor* en nuestros corazones. Compromisos que representan un gran *salto cualitativo y cuantitativo* en nuestra relación con Dios, con el prójimo y con la sociedad en que vivimos.

El cumplimiento de sendos mandamientos, sobreabundará en bendiciones sobre nuestra vida como nunca antes. Amén.

Una interesante nota de asombro: habiendo terminado de escribir este libro y, estando en el proceso de ajuste y revisión, finalmente, en mi corazón el Señor le puso el siguiente título: *El misterio de Dios. Verdades ocultas desde tiempos eternos*. Por lo tanto, quiero agradecer nuevamente a Jehová mi Dios Todopoderoso porque una vez más, me reafirma que es y ha sido desde siempre un Dios oportuno, que llega justo a tiempo; aunque a menudo a nosotros, por impaciencia nos parece que se tarda. ¡Gloria a Dios!

UN PAR DE SUGERENCIAS FINALES

Cada vez que se asomen a la *puerta de tu corazón*, emociones negativas y pensamientos egoístas, rechácelos de inmediato en el nombre poderoso de Jesús y, parafraseando el versículo en 2ª Corintios 10:5, haga la siguiente declaración:

> *Llevo todas mis emociones y pensamientos cautivos, presos a la obediencia a Cristo. Amén.*

Y, ahora que has llegado a la lectura final de este libro y tienes una mayor comprensión del gran propósito de Dios para tu vida. El modo de corresponderle, honrarlo y agradarle es, por un lado, aceptando a Jesucristo como tu Señor y salvador, convirtiéndote en su hijo y, por otro lado, expresándole su adhesión y compromiso incondicional de la siguiente manera:

Oh, Señor Dios Todopoderoso, Padre mío; puesto que escojo tu Palabra para mi boca, escojo tu voluntad para mi vida y, descansa mi confianza sobre Ti. Amén.

Nombre: ____

Fecha: ____

BIBLIOGRAFÍA

Charles, S. (1982). *Biblical Ethics and Social Change.* Michigan, USA: Oxford University Press.

Cruz, C. (2007). *La Vaca.* Florida, USA. Taller del Éxito. Publishing House.

DeVos, R. (1996). *Capitalismo Solidario.* México, DF. Ediciones Étoile, S.A. de C.V.

Gladwell, M. (2007). *David and Goliath.* New York, USA. Hachette Audio.

Gladwell, M. (2007). *The Tipping Point.* New York, USA. Hachette Audio.

Lapin, D. (2013). *Thou Shall Prosper.* San Francisco, CA. Actionable Books.

Lee, W. *La Economía Divina.* Living Stream Ministry: 2nd edition. 1986.

More, G. (2012). *Crossing the Chasm.* California. Harper Audio.

Munroe, M. (2005). *El Espíritu de Liderazgo.* New Kensington PA: Whitaker House.

Munroe, M. (2008). *Convirtiéndose en Líder.* New Kensington PA: Whitaker House.

Reina-Valera 1960. *Santa Biblia.* Edición Bilingüe. Nashville, Tennessee: Broadman and Holman Publishers. 1998.

Scott, S. (2006). *The Richest Man Who Ever Lived.* King Solomon's Secrets to Success, Wealth and Happiness. Water Brook Press. Colorado, USA.

UNAS PALABRAS SOBRE EL AUTOR

Clinton Cruickshank Smith, Creyente, Ingeniero, educador, político, pensador, administrador y empresario.

Graduado como Ingeniero Electricista en la Universidad de Costa Rica (UCR), 1973. Profesor de la UCR (1975-1976). Jefe de la División Electromecánica de Ferrocarriles de Costa Rica (FECOSA) 1975-1985. Estudió Transportes Ferroviarios en *British Railways* (*BR*) en 1977-1978. Gerente de Operaciones ai, del *Instituto Costarricense de Ferrocarriles* (*INCOFER*) 1982. Estudió Administración con énfasis en transportes en *British Transport Staff College* (*B.T.S.C*), Inglaterra (1978). Fue diputado (1986-1990) y Vicepresidente de la Asamblea Legislativa (1989).

Miembro del Capítulo Kamakiri de la *Fraternidad Internacional de Hombres de Negocio del Evangelio Completo* (*FIHNEC*) 1994. Fue bautizado en 1997. Miembro y *Presidente de la Asociación Iglesia Unión.* Miembro de la *Iglesia Oasis de Esperanza.* Maestro de la Palabra, llevando el Evangelio de Jesucristo a los trabajadores en la empresa. Invitado especial para enseñanza bíblica en hogares, iglesias y, en la Fraternidad Internacional de Hombres de Negocio del Evangelio Completo (FIHNEC).

Fundador-director e Instructor de la *Escuela de Capacitación Política del Caribe*, 2011. Instructor del *Curso de Liderazgo Político del Siglo XXI.* Miembro fundador y director del *Círculo de Reflexión de Ideas Políticas* (2013-2014). Director Ejecutivo de la *Comisión de Ideas Innovadoras* del Partido Liberación Nacional (2013-2014). Precandidato a la Presidencia de la República por el Partido Liberación Nacional, 2013. Coordinador de Capacitación del *Centro de Estudios Democráticos de América Latina* (*CEDAL*).

Condecorado con la *Orden de Alejo Zuluaga, Universidad de Carabobo, Venezuela* (1989). Jefe de Delegación de Congresistas durante su visita a la República Popular China (1989). Orador principal durante la reunión de expertos, ejecutivos, e inversionistas en Silicon Valley, San José, California. Tema: *El futuro de las telecomunicaciones y la posibilidad de establecer un Silicon Valley en Costa Rica* (1989). Invitado especial como orador ante la Comisión Sur-Sur, durante el *homenaje a Nelson Mandela* en Caracas, Venezuela (1989). Graduado con honores como *Máster en Administración de Negocios* en la Fundación de Estudios de Posgrado de la Universidad de Costa Rica, (1996). Director del Instituto Costarricense de Ferrocarriles, INCOFER (2006-2014). Conferencista nacional e internacional. Autor de las obras: *Un gobierno compartido. Para ganar bien y gobernar mejor, El método del buen gobierno. Un camino de éxito en el arte de gobernar y, La Nueva Costa Rica. Hacia el club exclusivo de países ricos* (inédito). Actualmente también publica artículos semanales sobre diversos temas de interés nacional e internacional.

Printed in the United States
by Baker & Taylor Publisher Services